Klett Lektürehilfen

AF203052

Thomas Mann

Der Tod in Venedig

Für Oberstufe und Abitur

von Solvejg Müller

Klett Lerntraining

Dr. Solvejg Müller, Studiendirektorin mit den Fächern Deutsch, Philosophie und Psychologie an einem Weiterbildungskolleg in Nordrhein-Westfalen

Die Textzitate folgen der Ausgabe: Thomas Mann: Der Tod in Venedig. Novelle. 24. Aufl. Frankfurt a. M.: Fischer Taschenbuch Verlag 2013.

Bibliografische Information der Deutschen Nationalbibliothek
Die Deutsche Nationalbibliothek verzeichnet diese Publikation in der Deutschen Nationalbibliografie; detaillierte bibliografische Daten sind im Internet über http://dnb.dnb.de abrufbar.

Auflage 4 3 2 1 | 2018 2017 2016 2015
Die letzten Zahlen bezeichnen jeweils die Auflage und das Jahr des Druckes.
Dieses Werk folgt der reformierten Rechtschreibung und Zeichensetzung.
Ausnahmen bilden Texte, bei denen künstlerische, philologische oder lizenzrechtliche Gründe einer Änderung entgegenstehen.

© Klett Lerntraining, c/o PONS GmbH, Stuttgart 2015
Alle Rechte vorbehalten.
www.klett-lerntraining.de
Redaktion: Günter Maier
Umschlagfoto: bpk Berlin
Satz: DOPPELPUNKT, Stuttgart
Druck: Medienhaus Plump, Rheinbreitbach
Printed in Germany
ISBN: 978-3-12-923095-4

9 783129 230954

Inhalt

Ein „Abenteuer des Gefühles"

⇒ Positive Aufnahme des Werks bei den Zeitgenossen
⇒ Zentrales Thema: Alternder Künstler verliebt sich in ca. 14-jährigen Jungen
⇒ Thematik im Kontext von Philosophie und Mythologie
⇒ Weitere aktuelle Themen wie z. B. das des Verhältnisses von Selbstdisziplin und Auflösung des Selbst im Rausch

Der Tod in Venedig: weltberühmt, oft interpretiert und adaptiert

Kein Werk von Thomas Mann ist weltweit so anerkannt wie die 1912 erschienene Novelle Der *Tod in Venedig* – ein schmaler Band, verglichen mit dem ersten großen Werk, der Familiensaga *Buddenbrooks*, die Thomas Mann internationale Bewunderung brachte. Über zehn Jahre vergingen nach dem Erscheinen der *Buddenbrooks*, bis Thomas Mann mit der vorliegenden Novelle wieder ein Werk von Weltgeltung verfasste.

Werk von Weltgeltung

Dieser Erfolg überrascht zunächst, wenn man den äußeren Gang der Handlung betrachtet: Die beiden zentralen Figuren reden nicht einmal miteinander. Ein alternder Künstler verliebt sich in einen ca. vierzehnjährigen Jungen. Es bleibt bei Blickkontakten. Doch der homoerotische Blick, dieses „Abenteuer des Gefühles" (38), wird im Zusammenhang von Philosophie und Mythologie entwickelt und mit abendländischen Bild- und Denkfiguren dargestellt.

Der Tod in Venedig gehört zu den meistinterpretierten Texten von Thomas Mann. Die Wirkung der Novelle lässt sich auch an der Zahl der Übersetzungen und Bearbeitungen, an der Aufnahme etlicher Motive in der nachfolgenden internationalen Literatur und an zahlreichen graphischen Umsetzungen ablesen. Und wie kaum ein anderes Werk hat es das Bild sowohl vom Autor als auch von Venedig geprägt.

Verarbeitung des Stoffes in vielen Medien und Kunstformen

Nach der Erstveröffentlichung 1912 in einer literarischen Zeitschrift in zwei Teilen erfolgte die Publikation in einer bibliophilen Ausgabe mit kleiner Auflage. Die ersten Kritiken waren im Allgemeinen positiv; gerügt wurden gelegentlich der manieristische Stil sowie die Ansammlung von Bildungswissen. Doch der für die damalige Zeit heikle Gegenstand der Novelle – ein alternder Mann verliebt sich in einen Knaben – wurde meist akzeptiert. Dies fiel und fällt nicht schwer, da der verliebte Alte – wie der Titel bereits verdeutlicht – am Ende des Geschehens zu Tode kommt. In einem Brief vom Januar 1913 nennt Thomas Mann Gustav von Aschenbach seinen „verstorbenen" Freund (vgl. GKFA, Bd. 21, S. 512).

Akzeptanz der Thematik bei den Zeitgenossen

Aktualität

Offene Deutung des Werks

Eine Fülle von nicht abschließend interpretierten Aspekten trägt dazu bei, dass das Werk bis heute immer noch fasziniert. Viele Deutungen gehen aufgrund seiner Vielschichtigkeit davon aus, dass jede Annäherung eben nur eine Annäherung sein kann und dass am Ende jeglichen Deutungsversuchs Rätsel bleiben müssen.

Zu den Gesichtspunkten, die bis heute aktuell sind, gehören z. B. Themen, die mit den folgenden Fragen und Gegensatzpaaren umschrieben werden können:

Aktuelle Themen wie etwa die Frage nach Selbstdisziplin und Rausch …

- Wie soll das Leben gestaltet werden?
- Wie viel Selbstdisziplin ist nötig bzw. sinnvoll, wie viel Lustgewinn soll/kann man zulassen?
- Geht es um Askese zur Optimierung der Arbeitskraft oder Rausch der individuellen Triebbefriedigung?
- Gilt in diesem Zusammenhang Aschenbach als moderner Held?
- Was ist Hoffnung, was Selbsttäuschung?
- Wo sind Grenzen der Identität, wo fängt deren Auflösung bis hin zum Selbstverlust an?
- Wie können Aspekte einer ‚verbotenen' Liebe, der homoerotischen bzw. pädophilen Passion, dargestellt werden?
- Wie sind Eros und Tod miteinander verwandt?
- In welcher Beziehung stehen Jugend und Alter, Schönheit und Verfall?
- Wie hängen träumerisches Unbewusstes und die Klarheit des Bewusstseins zusammen?
- In welchem Verhältnis gehören Form und Chaos zu einem Künstler?

- Wie kann das Verhältnis von Kunst und Leben, von Gefühl und Intellekt, von übergroßer Sensibilität und Produktion von Kunst verstanden werden?
- Inwieweit ist Leben nur im Modus der Ironie möglich?
- Wie sind Fragen nach dem Wesen von Schönheit und Kunst vor dem Hintergrund der großen abendländischen Philosophien Platons und Nietzsches zu beantworten?
- Was bedeuten die alten Göttergeschichten, die antike Mythologie?

… oder dem Verhältnis von Kunst und Leben

Darüber hinaus ist *Der Tod in Venedig* von aktuellen Gegensätzen wie z. B. Stadt und Meer, dem Festen, Haltgebenden und dem Fluiden, von Orient und Okzident, von Epidemie und Einzelschicksal durchzogen.

Der Autor

Eine der Grundeinsichten beim Umgang mit Literatur besteht darin, dass der Autor nicht mit dem Erzähler bzw. dem Protagonisten identisch ist. In Bezug auf kaum ein anderes Werk ist eine solche Gleichsetzung jedoch so häufig geschehen. Etliche Parallelen oder auch vermeintliche Übereinstimmungen zwischen der Figur und dem Autor haben in der Rezeption oft zu deren Gleichsetzung geführt. Aber Gustav von Aschenbach, die Hauptperson, ist nicht Thomas Mann.

Differenzierung zwischen Autor und Erzähler

Biografie

1875	6. Juni: Geburt Thomas Manns in Lübeck als zweiter Sohn einer begüterten Kaufmannsfamilie
1890	Hundertjähriges Jubiläum der Getreidehandelsfirma des Vaters
1891	Tod des Vaters, Auflösung der Firma
1892	Umzug der in Brasilien geborenen Mutter Julia geb. da Silva Bruhns (1851–1923) mit den drei jüngsten Kindern nach München
1894	Abgang von der Schule, Umzug nach München,

Volontärstätigkeit bei einer Versicherung, Gasthörer an der Technischen Hochschule München, erste Bekanntschaften in der literarischen Szene, Perspektive als Journalist und Schriftsteller

1896–98 Italienaufenthalte mit dem Bruder Heinrich

1897 Beginn der Niederschrift der *Buddenbrooks* in Rom

1898 Erste Buchveröffentlichung: *Der kleine Herr Friedemann* (Novellenband), Rückkehr nach München; bis 1900 Lektor bei der satirischen Zeitschrift *Simplicissimus*

1900 Beendigung der *Buddenbrooks*; kurze Zeit beim Militär, wegen Dienstuntauglichkeit entlassen

1901 Erstausgabe der *Buddenbrooks* in zwei Bänden

1903 *Tonio Kröger*, *Tristan* (Band mit Erzählungen)

1905 Heirat mit der aus einer Industriellen- und Gelehrtenfamilie stammenden Katja Pringsheim (sechs Kinder werden dem Paar in den nächsten Jahren geboren)

1909 *Königliche Hoheit* (Roman)

1912 *Der Tod in Venedig*

1914 Beginn des Ersten Weltkriegs

1918 *Betrachtungen eines Unpolitischen*; Ende des Ersten Weltkriegs

1919 Ehrendoktorwürde der Universität Bonn

1924 *Der Zauberberg* (Roman)

1926 *Unordnung und frühes Leid* (Erzählung); „Lübeck als geistige Lebensform" (Rede anlässlich der 700-Jahr-Feier der Stadt), Ernennung zum Ehren-Professor durch den Senat von Lübeck

1929 Verleihung des Nobelpreises in Stockholm für *Buddenbrooks*

1930 *Mario und der Zauberer*; *Deutsche Ansprache. Ein Appell an die Vernunft* (Essay)

1933 30. Januar: Hitler wird Reichskanzler; 10. Februar: „Leiden und Größe Richard Wagners" (Vortrag in München); 11. Februar: Emigration nach Holland, Südfrankreich und in die Schweiz

1934 Erste Reise in die USA

1935 Ehrendoktorwürde der Harvard University, zusammen mit Albert Einstein

1936 Aberkennung der deutschen Staatsbürgerschaft

und der Ehrendoktorwürde der Universität Bonn, tschechische Staatsbürgerschaft; *Freud und die Zukunft* (Essay)

1937   Emigration in die USA, Gastprofessur in Princeton; Essays: *Richard Wagner und der „Ring der Nibelungen"; Schopenhauer*

1939   Ehrendoktorwürde der Princeton University; 1. September: Beginn des Zweiten Weltkriegs; *Bruder Hitler* (Essay); *Lotte in Weimar*

1940   Beginn der bis Kriegsende monatlich gesendeten Radiobeiträge „Deutsche Hörer!" (über BBC nach Deutschland ausgestrahlt)

1942   Zerstörung des Elternhauses in Lübeck

1943   Vollendung des Romans *Joseph und seine Brüder*; Zusammenarbeit mit dem Philosophen Theodor W. Adorno

1944   Amerikanische Staatsbürgerschaft

1945   8. Mai: Kapitulation Deutschlands; Essays: *Deutschland und die Deutschen; Warum ich nicht nach Deutschland zurückgehe*

1946   Lungenoperation in Chicago

1947   *Doktor Faustus. Das Leben des deutschen Tonsetzers Adrian Leverkühn, erzählt von einem Freunde* (Roman)

1948   *Nietzsches Philosophie im Lichte unserer Erfahrung* (Essay)

1949   Tod des Bruders Victor, Selbstmord des Sohnes Klaus, Verleihung des Goethe-Preises in Frankfurt und in Weimar, Ehrenbürgerrecht in Weimar

1950   Tod des Bruders Heinrich in Santa Monica, Kalifornien

1951   *Der Erwählte* (Roman)

1952   Übersiedlung in die Schweiz

1954   *Bekenntnisse des Hochstaplers Felix Krull. Der Memoiren erster Teil* (unvollendet gebliebener Roman)

1955   Ehrenbürgerrecht von Lübeck; Tod am 12. August, Beerdigung in Zürich

Entstehung der Novelle

Thomas Manns Venedigreise	
→	Wunsch, nach dem Erfolg des Romans *Buddenbrooks* ein weiteres Meisterwerk zu schaffen
→	Verarbeitung von Reiseereignissen
→	Ursprüngliche Idee: Darstellung der letzten Liebe des hochbetagten Johann Wolfgang von Goethe zu der 17-jährigen Ulrike von Levetzow
→	Thomas Manns Verständnis des Werks: Darstellung des Künstler- und Dekadenzproblems
→	Problematik der Darstellung von Homoerotik um 1900

Erwartungsdruck nach dem ersten großen Erfolg

Planung weiterer Meisterwerke

Thomas Mann war 35 Jahre alt, als er die Novelle *Der Tod in Venedig* verfasste. Er befürchtete, nicht mehr an den großen Erfolg der *Buddenbrooks* anknüpfen zu können. Sowohl ein zumindest vermuteter Druck von außen als auch die eigene Erwartung an sich selbst bewogen ihn, neue, umfangreiche Meisterwerke zu planen wie z. B. einen Großstadtroman mit dem Titel *Maja*, einen Roman über Friedrich den Großen sowie eine Abhandlung über Geist und Kunst.

„Ganz wundervolle Ferien"

„Ich bin nun dreißig. Es ist Zeit, auf ein Meisterstück zu sinnen" (GKFA, Bd. 2.2, S. 362), lässt Thomas Mann seinen damals sehr produktiven Schriftsteller-Bruder Heinrich in einem Brief wissen. Er selbst arbeitet in dieser Zeit weiter an seinem erst zwischen 1950 und 1954 beendeten, aber nicht vollendeten Roman *Bekenntnisse des Hochstaplers Felix Krull*, doch die Niederschrift stockt. Er fühlt sich erschöpft. Mit der Familie und Bruder Hein-

Weg nach Venedig

rich fährt er Ende Mai 1911 zunächst auf die Insel Brioni in der Adria. Da er sich dort wegen anderer Gäste nicht wohl fühlt, fährt die Familie nach Venedig. In einem Brief berichtet er, dass er dort „ganz wundervolle Ferien" (GKFA, Bd. 2.2, S. 364) verlebt habe.

Familie Mann im Grand Hotel am Lido

Die Familie Mann logiert in einem alten Luxushotel am Lido, dem damaligen Grand-Hôtel des Bains. Der Lido, eine etwa 11 km lange Insel, beherbergt um die Jahrhundertwende ein luxuriöses Seebad mit entsprechenden

Hotels. Die Seite zur Adria hin hat einen langen Strand, die andere Seite grenzt an die Lagune, von wo aus Boote in das Zentrum Venedigs verkehren. Die Familie Mann bleibt vom 26. Mai bis 2. Juni im Grandhotel.

In diesen Ferien ereignen sich bemerkenswerte Geschehnisse. Thomas Mann befasst sich mit dem Komponisten Richard Wagner. Ein kurzer Essay mit dem Titel *Auseinandersetzung mit Wagner* entsteht noch im Hotel. Vom langsamen Sterben und vom Tod eines anderen Komponisten, dem von ihm verehrten Gustav Mahler, hat Thomas Mann bereits aus den Zeitungen auf der Insel Brioni erfahren. Ein dort abgedrucktes Foto von Mahlers Gesicht hat ihn zu seiner Gestaltung des Gustav von Aschenbach inspiriert (vgl. die Abbildung S. 24). Auch die Identität der Vornamen unterstreicht die von Thomas Mann konstruierte Wesensverwandtschaft, wie er selbst später bekennt.

Tod Gustav Mahlers

Die Begegnung mit einem schönen Knaben hat ebenfalls in diesem Urlaub in Venedig stattgefunden. Tadzio hat also ein historisches Vorbild. Der polnische Baron Wladyslaw Moes (1900–1986) glaubte sich erinnern zu können, dass er zu jener Zeit mit der Familie in demselben Hotel wie Thomas Mann Urlaub machte und die in der Novelle beschriebene Kleidung am Lido trug. Eindeutig beweisen lässt sich dies jedoch nicht – der Baron hatte dunkle Haare und war zu diesem Zeitpunkt gerade mal zehn Jahre alt. Viele polnische Adelsfamilien hielten sich jedoch dort zu jener Zeit als Sommergäste auf. Andere Vermutungen sprechen sich für den polnischen Jungen Adam Henzel (1897–1975) aus, der auf einem Foto blondgelockt vor einem Gemälde posiert und zu dessen Bruder Thomas Mann bereits zuvor beruflichen Kontakt hatte.

Begegnung mit Tadzio

Thomas Mann benennt die einzelnen Elemente der Reise in den Süden, die Eingang in die Novelle *Der Tod in Venedig* gefunden haben, folgendermaßen:

> „Der Wanderer am Münchener Nordfriedhof, das düstere Polesaner Schiff, der greise Geck, der verdächtige Gondolier, Tadzio und die Seinen, die durch Gepäckverwechslung mißglückte Abreise, die Cholera, der ehrliche Clerc im Reisebureau, der bösartige Bänkelsänger oder was sonst anzuführen wäre – alles war gegeben." (GKFA, Bd. 2.2, S. 363)

Erlebnisse der Venedigreise

Goethe als Sujet

Ursprünglich plante Mann, die Liebe des alten Johann Wolfgang von Goethe (1756–1832) zu der wesentlich jüngeren Ulrike von Levetzow in Marienbad erzählerisch zu gestalten. Thematisch verwandt zu der dann entstandenen Novelle ist – so der Autor „die Entwürdigung eines hochgestiegenen Greises durch die Leidenschaft für ein reizendes, unschuldiges Stück Leben" (*Über mich selbst*, S. 71). Der junge Thomas Mann wagte sich noch nicht an Goethe als Sujet. Erst in dem viel später entstandenen Roman *Lotte in Weimar* (1939) macht Thomas Mann ihn zum Protagonisten.

Cholera

Um 1900 war die Cholera in weiten Teilen Europas virulent. Thomas Mann selbst musste 1905 einen Urlaub an der Ostsee abbrechen, um einem Ausbruch der Cholera im nahen Danzig zu entgehen. Und schon in der ersten Woche des Venedig-Aufenthalts begegnet das Ehepaar Mann der Cholera erneut. Täglich fallen ihr bis zu sechs Menschen zum Opfer, und insgesamt sterben etwa 250 Menschen als Folge der Epidemie. Auch die Dementis der italienischen Behörden sind überliefert (vgl. Rütten 2014). Aufgrund von Zeitungsberichten verlassen die Manns die Stadt vorzeitig.

„Eine recht sonderbare Sache"

Knabenliebe

Nach der Rückkehr von der literarisch folgenreichen Reise macht sich Thomas Mann sofort an die Niederschrift der Novelle. Am 18. Juli 1911 schreibt er an einen Freund:

> „Eine recht sonderbare Sache, die ich aus Venedig mitgebracht habe, Novelle, ernst und rein im Ton, einen Fall von Knabenliebe bei einem alternden Künstler behandelnd. Aber es ist sehr anständig." (GKFA, Bd. 21, S. 476)

Das Werk sollte schnell niedergeschrieben werden, doch der Autor benötigte noch ein Jahr, bis er die Novelle vollendet hatte. Mitunter sprach er dabei von Qualen, die ihm die vielleicht „unmögliche Conception" (GKFA, Bd. 2.2, S. 365) bereitete.

Schon in den frühen Erzählungen thematisierte Mann den Konflikt zwischen Bürgertum und Künstlertum. Bereits in *Tonio Kröger* (1903) klingt unter Einbeziehung des

Kontrastes zwischen Kunst und Leben eine homoerotisch grundierte Sehnsucht des Protagonisten Tonio Kröger zu dem blonden Hans Hansen an.

Thomas Mann hat sich lebenslang mit seinen eigenen homoerotischen Tendenzen auseinandergesetzt. Um 1900 galt männliche Homosexualität unter Erwachsenen als strafrechtliches Delikt. Der berüchtigte § 175 des deutschen Strafgesetzbuches wurde in der Bundesrepublik erst 1994 ersatzlos gestrichen.

Als der Autor der *Buddenbrooks* immer bekannter wird, beschließt er, sich selbst eine „Verfassung" zu geben, wie er an seinen Bruder Heinrich 1906 schreibt. Er heiratet Katja Pringsheim, aus einer Münchner Gelehrtenfamilie stammend, und hat mit ihr sechs Kinder, die in den Jahren zwischen 1905 und 1919 geboren werden.

Das Bekenntnis zur Ehe sowie seinen Bezug zu Homoerotik legt Thomas Mann in dem langen Brief an den Schriftsteller-Kollegen Graf Hermann Keyserling im Jahre 1925 dar. In einem Vergleich zwischen Ehe und Homoerotik spricht er der Ehe „Dauer, Gründung, Fortzeugung, Geschlechterfolge, Verantwortung" zu. Im Gegensatz dazu sei die Homoerotik als „sterile Libertinage [Freizügigkeit und Unverbindlichkeit] [...] das Gegenteil von Treue" (GKFA, Bd. 15,1, S. 1028). Sowohl Männer- und Knabenliebe als auch Kunst und die Liebe zum Schönen stünden außerhalb der Moral und seien nicht nützlich. Dem „Lebensbefehl" der Ehe, die soziale Bindung ermögliche, stehe die leidenschaftliche Liebe gegenüber.

Thomas Mann war sich bewusst, was es um 1912 bedeutete, einen fiktiven Text, der u. a. Männer- bzw. Knabenliebe thematisiert, zu veröffentlichen. So dachte er zunächst an eine Privatpublikation in kleiner Auflage.

Verbot männlicher Homosexualität

Eheschließung zwischen Thomas Mann und Katja Pringsheim

Verhältnis von Ehe und Homoerotik

Sorge bezüglich der Publikation von *Der Tod in Venedig*

Krisenbewusstsein zu Zeiten Wilhelms II.

Krisen und Verunsicherung im Deutschen Reich (1871–1918)	⟶ Veränderung gesellschaftlicher Strukturen durch Industrialisierung, Bildung von Großstädten
	⟶ Soldatische Ideale des Preußentums
	⟶ Außenpolitische Spannungen im Vorfeld des Ersten Weltkriegs (1914–1918)
	⟶ Entdeckung der Relevanz von Traum und Unbewusstem in der Psychoanalyse; Nervenkrankheit „Neurasthenie"
	⟶ Künstlertypus: verfeinert, sehr sensibel
	⟶ Einfluss der Philosophie Nietzsches: Umwertung aller Werte, Ablehnung von Dekadenz

Desorientierung im Bildungsbürgertum

Zu der Zeit der Entstehung der Novelle regierte Wilhelm II. (1859–1941), Deutscher Kaiser und König von Preußen von 1888 bis 1918. Durch die zunehmende Industrialisierung veränderte sich die gesellschaftliche Schichtung. Der Groß- bzw. Bildungsbürger verlor an Ansehen und gesellschaftlicher Macht zugunsten derjenigen, die mit den neuen Produktionsformen Schritt hielten. Gleichzeitig herrschten soldatische Ideale, die in Tugenden des Preußentums verankert waren wie Disziplin, Pflichtbewusstsein, Tapferkeit, Fleiß, Härte gegenüber sich selbst. Außenpolitisch führten militaristische, nationalistische und imperialistische Tendenzen zu Spannungen zwischen den Staaten Europas, die den Ersten Weltkrieg auslösten.

Ideale des Militärs im Widerspruch zur Entdeckung des Unbewussten

Insgesamt begründeten die vielen Veränderungen zu Beginn des 20. Jahrhunderts wie z. B. die Bildung von Großstädten, die Relevanz technischer Kenntnisse, neue psychologische Einsichten sowie die bedrohliche außenpolitische Situation ein Lebensgefühl der Verunsicherung. Insbesondere bürgerliche Intellektuelle und Künstler suchten ihren Platz in oder außerhalb der Gesellschaft. Die nervliche Überreizung und Verfeinerung galt als Auszeichnung der Künstler, um die unübersichtlich gewordene Welt zu erfassen. Neurasthenie (Nervenschwäche) galt aber auch als Krankheit. Die Entdeckung des Unbewussten in der sich neu entwickelnden Lehre der Psychoanalyse durch Sigmund Freud ließ Perspektiven auf die Welt der Triebe wie den des Eros und den des Thanatos, den Todestrieb, zu. In der 1900 erschienenen *Traumdeutung* hebt Freud den Traum in den Rang eines „Königswegs" zum Unbewussten. Nach Freud ist die Basis der Kultur die Unterdrückung der Triebe bzw. deren Sublimierung, deren Verfeinerung in geistige Sphären.

Der Philosoph Friedrich Nietzsche (1844–1900) wirft der dekadenten Lebensführung Schwäche vor und hält mit einem vitale Funktionen betonenden Weltbild dagegen. Er weist auf die „Unterwelt" der Triebe hin und hofft auf die Rückkehr des „im Zivilisationsprozess verbannten dionysischen Tiger[s]" (Kämper-van den Boogaart 2001, S. 106). Nietzsche sieht in der Betonung des Rationalen durch die Aufklärung eine Missachtung biologisch-psychologischer Gegebenheiten. Mitleid und damit die Religion des Christentums sei so eine Schwäche und keine Tugend. Er spricht von der „Umwertung aller Werte" und vom „Tode Gottes".

Nietzsche: gegen Dekadenz, für die „Rückkehr des Tigers"

Literatur um die Jahrhundertwende

→ Ästhetizismus, Literatur der Dekadenz	**Verschiedene literarische Strömungen**
→ Naturalismus	
→ Neuklassik	
→ Wunsch Thomas Manns nach „neuer Klassizität"	

Die Lebenshaltung des Ästhetizismus billigt allem Schönen den obersten Wert zu. Sämtliche Sachverhalte werden einzig aus ästhetischer Sicht bewertet. Daher spricht man auch vom Amoralismus der ästhetischen Weltsicht. In der Moderne lässt sich der Vorrang des schönen Scheins als eine Möglichkeit verstehen, der Widersprüchlichkeit und Hässlichkeit des Lebens zu entrinnen. In der Literatur spiegelt sich diese Haltung um 1900 in der Dichtung der Neuromantik, der Dekadenz, (des Verfalls), des Fin de Siècle und des „L'art pour l'art", der Kunst um der Kunst willen.

Ästhetizismus: Vorrang des Schönen

Das Werk des irischen Dichters Oscar Wilde (1854–1900) prägt die Strömung des Ästhetizismus. Das von Wilde

Dekadenz und Dandytum

gelebte Dandytum – das Leben soll der Kunst dienen – entsprach dieser Grundhaltung. Sein Roman *Das Bildnis des Dorian Gray* (1890), der im Vorwort eine Art Manifest des Ästhetizismus enthält, wird 1901 ins Deutsche übersetzt. Die Dichtung der Dekadenz betont das Lebensgefühl der Endzeit, der nervösen Verfeinerung vor dem Untergang.

Sozialkritik im Naturalismus

Einen großen Kontrast zum Ästhetizismus bildet die literarische Strömung des Naturalismus, die die Schattenseiten der Industrialisierung wie Armut und Elend in der Großstadt künstlerisch thematisiert und die Verhältnisse möglichst wirklichkeitsnah zu schildern sucht. So sprechen z. B. Figuren in den Dramen Gerhart Hauptmanns wie *Die Weber* Dialekt.

Neuklassik

Um die Jahrhundertwende entwickelt sich eine gegen die Kunst der Dekadenz, des reinen Ästhetizismus, aber auch gegen naturalistische Kunst gerichtete literarische Strömung der Neuklassik, auch Neuklassizismus genannt. Sie orientiert sich an Prinzipien der Weimarer Klassik, primär vertreten durch Werke Johann Wolfgang von Goethes und Friedrich Schillers. Paul Ernst (1866–1933), einer der Hauptvertreter der Neuklassik, forderte eine strenge Form und einen hohen Stil. Auch ein Bezug zur Antike, zu deren Götter und Philosophien, soll wiederhergestellt und die klassische Tragödie wiederbelebt werden. Die naturalistische Sozialkritik in den Dramen z. B. Gerhart Hauptmanns sei nicht mehr zeitgemäß.

Kritik am Naturalismus

Der junge Thomas Mann ist von der Musik Richard Wagners zunächst fasziniert. Doch zunehmend wendet er sich gegen die rauschhafte Musikerfahrung. Eine neue Epoche, so der Autor, verlange eine andere Musik bzw. einen anderen künstlerischen Stil. Dem 20. Jahrhundert sei das Erlebnis romantischer und kolossaler Kunst nicht mehr angemessen. Thomas Mann ist auf der Suche nach Klarheit und Form, nach distanzierender, nicht ekstatischer Kunst. In seiner in Venedig entstandenen Abhandlung *Auseinandersetzung mit Richard Wagner* fordert er „eine neue Klassizität" (zit. nach: Bahr 2005, S. 116).

Manns Forderung nach „neuer Klassizität"

Handlung

Wer? Was? Wann? Wo?

Wer? – Die Hauptpersonen

Gustav von Aschenbach, ein hoch angesehener, diszipliniert arbeitender Schriftsteller, hat an seinem 50. Geburtstag den Adelstitel erhalten. Er ist in München ansässig und besitzt ein Landhaus in den Bergen. In einer Schaffenskrise verspürt er die Sehnsucht, in den Süden zu reisen. In Venedig erfährt er beim Anblick des grazilen Jungen Tadzio das Wesen des Schönen sowohl im Sinne ästhetischer Reflexion als auch homoerotischen Begehrens.

Aschenbach als alternder Künstler

Tadzio muss man sich als einen etwa vierzehnjährigen, schön gestalteten Jungen vorstellen. Er gehört zu einer polnischen Familie, die in Venedig zeitgleich mit Aschenbach den Urlaub verbringt. Dazu gibt es noch eine Reihe weiterer Personen, die als Todesboten figurieren wie z.B. der Wanderer und der Gondoliere sowie Angestellte im Dienstleistungssektor.

Tadzio, um die 14 Jahre alt und schön

Todesboten

Was?

Aschenbach befindet sich in einer künstlerischen Schaffenskrise. Auf einem Spaziergang erwacht in ihm die Lust, in Richtung Süden zu reisen. In Venedig angekommen, beobachtet er einen schönen Jungen am Strand. Zunehmend verfällt er ihm. Die Sehnsucht nach Tadzio geht einher mit Reflexionen über das Wesen des Schönen im Allgemeinen, orientiert an antiker Philosophie und Mythologic. Trotz zunehmender Hitze und einer beginnenden Cholera-Epidemie beschließt Aschenbach, in der faulig riechenden und gleichwohl wunderbaren Stadt zu bleiben, um Tadzio weiter sehen zu können. Als er am Strand den geliebten Jungen zum wiederholten Male beobachtet, sinkt er in seinem Liegestuhl zusammen und stirbt.

Wann?

Frühling zu Beginn des 20. Jahrhunderts, vor Beginn des Ersten Weltkriegs (1914)

In der Novelle gibt es eine, wenn auch ungenaue, Zeitangabe. Zu Beginn, bereits im zweiten Satz, wird der Tag des die Reiselust auslösenden Spaziergangs datiert: „an einem Frühlingsnachmittag des Jahres 19.., das unserem Kontinent eine so gefahrdrohende Miene zeigte" (9). Die ungenaue Zeitangabe verallgemeinert die Krisenstimmung, die den Hintergrund des gesamten Geschehens bildet.

Es handelt sich um eine Anspielung auf eine der zahlreichen politischen Krisen, die Europa in den Jahren vor dem Ersten Weltkrieg erschütterten. Zur Zeit der Niederschrift der Novelle (1911) gab es bereits die zweite Marokkokrise. Sowohl Deutschland als auch Frankreich interessierten sich für die Vorherrschaft in Marokko. 1911 hatte Frankreich einige marokkanische Städte besetzt. Im Gegenzug schickte Deutschland das Kanonenboot „Panther" an die marokkanische Küste. 1912 wurde Marokko französisches Protektorat.

Ablauf des erzählten Geschehens

„An einem Tage zwischen Mitte und Ende des Mai" (31), also ca. zwei bis drei Wochen nach dem folgenschweren Spaziergang „Anfang Mai" (9), reist Aschenbach nach Italien. Von der an der Adria liegenden istrischen, damals zu Italien gehörenden Küstenstadt Pola fährt er zu einer nicht namentlich genannten Insel. Er bleibt „anderthalb Wochen" (32) dort und reist dann nach Venedig. „Mitte Mai" (119) findet man die ersten Cholera-Toten in Venedig. „Anfang Juni" (121) füllen sich die Isolierstationen. „In der vierten Woche seines Aufenthalts auf dem Lido" (97) bemerkt Aschenbach Veränderungen in Venedig wie z. B. die in großer Zahl abreisenden Touristen. Dies kann also Ende Juni, Anfang Juli sein.

Ein genauer Todeszeitpunkt Aschenbachs wird nicht genannt. „Einige Tage" (136) nach dem Genuss überreifer Erdbeeren stirbt Aschenbach.

Wo?

Stationen der Reise Aschenbachs

Ausgangsort des Geschehens ist München. Dann folgen die Stationen von Aschenbachs Reise: mit dem Nachtzug nach Triest, dort ein 24-stündiger Aufenthalt, dann

Ankunft in Pola (italienischer Name der heute kroatischen Stadt Pula). Die Hafenstadt an der Adria gehörte zum Zeitpunkt der Niederschrift der Novelle zu Österreich-Ungarn.

Von dort aus fährt Aschenbach mit dem Schiff zu einer Insel in der Adria, vermutlich zu Brioni, der Hauptinsel der Brionischen Inseln, einer kleinen Inselgruppe an der Südwestküste Istriens (heute: Kroatien). Ein möglicher Hinweis befindet sich im Text: „auf einer seit Jahren gerühmten Insel in der Adria" (31). Brioni war damals ein mondäner Kur- und Badeort der gehobenen Schichten Europas.

Nach anderthalb Wochen Aufenthalt auf dieser Insel reist Aschenbach zurück in die Hafenstadt Pola und von dort sofort nach Venedig. Mit einer Gondel begibt er sich zum Bäder-Hotel am Lido, der Venedig vorgelagerten Badeinsel.

Die Beschreibung des in der Novelle dargestellten „Bäder-Hotels" lehnt sich wohl an das damalige Grand-Hôtel des Bains an, das Thomas Mann vor der Niederschrift besuchte und in dem damals adlige und sonstige hochgestellte Persönlichkeiten verkehrten. Thomas Mann begegnete dort einem schönen Knaben (siehe S. 11).

Handlungsverlauf

⇒ 1. Kapitel: Krise des Autors Aschenbach, Sehnsucht nach Veränderung und nach Energiegewinn, Reiselust	Überblick über den Gang der Handlung
⇒ 2. Kapitel: Leben und Werk Aschenbachs	
⇒ 3. Kapitel: Reise nach Venedig, erste Begegnung mit Tadzio	
⇒ 4. Kapitel: Aschenbachs Passion für Tadzio	
⇒ 5. Kapitel: Ausbruch der Cholera, Aschenbachs Verlust der Selbstkontrolle und sein Tod	

Thomas Mann hat die Novelle *Der Tod in Venedig* in fünf Kapitel gegliedert. Die folgende Wiedergabe des Inhalts orientiert sich an diesen Kapiteln, die keine weitere Überschrift außer der Nummerierung tragen.

Gliederung der Novelle in fünf Kapitel

Erstes Kapitel (S. 9–18)

Aschenbachs Bedürfnis nach Veränderung	⟶ Begegnung mit einem fremden Wanderer auf dem Nordfriedhof in München
	⟶ Vision der Urweltwildnis und eines Tigers
	⟶ Aschenbachs diszipliniertes Leben, seine künstlerische Leistung und bisherige Ablehnung des Reisens
	⟶ Entschluss, in den Süden zu reisen

Im ersten Kapitel werden zunächst Ort und Zeit vorgestellt, von denen das weitere Geschehen seinen Ausgang nimmt. Dabei erfolgt auch eine Charakterisierung des Protagonisten Gustav von Aschenbach.

Spaziergang, um Schreibhemmung zu lösen

Der im 50. Lebensjahr geadelte, hochgeachtete Schriftsteller lebt im vornehmen Kern der Stadt München. Hinweise auf politische Ereignisse direkt zu Beginn der Novelle lassen als Zeit der Handlung um 1911/12 annehmen. Anfang Mai dieses nicht genauer genannten Jahres unternimmt Aschenbach nachmittags einen langen Spaziergang von seinem Wohnsitz im Zentrum über den Englischen Garten, eine weitläufige Parklandschaft, in den Norden der Stadt. Da Aschenbach an diesem Tag nicht den für seine kreative Tätigkeit notwendigen Mittagsschlaf zur Regeneration gefunden hat, hofft er, sich auf dem Spaziergang durch die Stadt zu erholen, um dann am Abend weiterschreiben zu können.

Aschenbach läuft, bis die Sonne untergeht. Da ein Gewitter naht – die ersten Tage des Mai sind schwül –, beschließt er, mit der Straßenbahn zurückzufahren. Die Haltestelle am Nordfriedhof ist völlig menschenleer. Aschenbach betrachtet die Umgebung des Eingangs zum Friedhof, zunächst die Steinmetzbetriebe und dann besonders intensiv die Aussegnungshalle mit ihren biblischen Inschriften. Plötzlich bemerkt er am Aufgang der Halle eine Gestalt, die seine Blicke fesselt. Die Kleidung des Mannes weist diesen als fremden Wanderer aus. Auch dessen Physiognomie entspricht nicht der der Einheimischen. Er ist wenig schön, so wird er z. B. als rothaarig mit farblosen Wimpern und blasser Haut, mager, mit starkem Adamsapfel, kurzer Nase und entblöß-

Unheimliche Begegnung mit dem fremden Wanderer

tem Zahnfleisch geschildert. Auf einen Stock gestützt, steht er mit gekreuzten Füßen (vgl. dazu S. 77) im Licht der sinkenden Sonne. Aschenbach hat den Eindruck, dass der Fremde ihn herrisch fixiert und auf diese Weise zwingt, sich zu entfernen.

Die auffällige Gestalt hat in Aschenbach eine Sehnsucht nach der Ferne, eine „Reiselust" (13) geweckt, die sogar die Intensität einer Vision annimmt. Aschenbach sieht ein feuchtes, sumpfiges Tropengebiet mit üppigen Pflanzen, mit fremdartigen Vögeln und einem Tiger, der ihn aus einem Bambusdickicht anblickt. Er ist entsetzt und sehnsuchtsvoll zugleich.

Sehnsucht nach der Ferne, Vision des tropischen Sumpfes und des Tigers

Dieser Vision einer exotischen Szenerie folgt eine Darstellung des Selbstverständnisses und des Künstlertums Aschenbachs. Reisen war ihm bislang nur eine lästige, beruflich bedingte Pflicht. Er versteht sich als Europäer. Mit zunehmendem Alter fürchtet er, sein schriftstellerisches Werk nicht zu vollenden. Jegliche Zerstreuung lehnt er ab. So hält er sich am liebsten in dem ihm zur Heimat gewordenen München bzw. auf seinem Landsitz im Gebirge auf. Folgerichtig wird die gerade aufgeflammte Reiselust schnell wieder eingedämmt. Um kreativ sein zu können, ist für ihn ständige Selbstdisziplin nötig. Da er zurzeit jedoch in einer schwierigen Arbeitsphase steckt, weiß er, dass das gerade entstandene Fernweh einen Impuls zur Flucht, zur Befreiung aus seinem „kalten und leidenschaftlichen" (16) Dienst am Kunstwerk bedeutet.

Basis von Aschenbachs Künstlertum: Unterdrückung der Gefühle

Die gegenwärtige Schreibblockade, dies ist ihm gewiss, resultiert jedoch aus einer grundsätzlichen Unlust. Das Meisterhafte will ihm wohl noch aufgrund seiner langjährigen Schreiberfahrung gelingen, aber er vermisst nun Gefühl und Freude beim Schaffen des Werks. Er vermutet, dass sich sein lebenslanger Kampf gegen das Gefühl rächt und seine emotionale Seite nun ihre Rechte fordert. So fürchtet er sich vor dem bevorstehenden einsamen Sommeraufenthalt in seinem Landhaus im rauen Gebirge. Entgegen allen sonstigen Gewohnheiten beschließt er, eine Reise in einen der üblichen südlichen Touristenorte zu unternehmen, um seiner Kreativität neue Energie zufließen zu lassen.

Fehlende Freude an schriftstellerischer Arbeit

Entschluss zur Reise in den Süden

21

Zweites Kapitel (S. 18–30)

Rückblick: Leben und Werk Aschenbachs	→ Auflistung seiner Werke der Reifezeit → Herkunft und Entwicklung als Autor → Lebensstil, Arbeitsweise und Erfolg: „Trotzdem" → Kommentierung des Erzählers zum würdevollen Aufstieg Aschenbachs → Aschenbachs Physiognomie

Aschenbachs Werke

Das zweite Kapitel beinhaltet einen Rückblick auf die künstlerische Entwicklung Aschenbachs. Zunächst werden ausführlich seine bisherigen Hauptwerke vorgestellt wie z. B. der Roman über Friedrich II., König von Preußen, sowie die Erzählung „Ein Elender" und eine theoretische Abhandlung über „Geist und Kunst" (vgl. dazu Thomas Manns eigene Pläne, S. 10).

Widerstreitende Begabungen

Bereits die familiäre Herkunft Aschenbachs prägt seine Laufbahn als Dichter. Geboren ist er in einer schlesischen Kleinstadt. Der Vater stammt aus einer Familie hoher Beamten, die Mutter ist der Musik zugeneigt und kommt aus Böhmen. Schon früh hat der Sohn das väterliche Leistungsideal verinnerlicht, aber auch das sinnliche Empfinden und die künstlerische Veranlagung seiner Mutter übernommen. Öffentlichkeit und Ruhm sind ihm bereits als Jugendlichem wichtig gewesen. „Durchhalten" (21) lautete sein Motto schon als junger Mensch; der Wunsch, Kunst zu schaffen, war schon sehr früh ausgeprägt.

Kunst wird dem Körper abgerungen

Trotz seiner zarten Konstitution, die ihn auch von dem Besuch einer Schule befreit hat, zwingt Aschenbach sich, regelmäßig zu schreiben. Jegliche Kunst sei dem Körper abgerungen, sei einem Kampf, einer Haltung des „Trotzdem" (23) entsprungen. Diese Einstellung, diese „Formel seines Lebens und seines Ruhms" (ebd.) erkläre auch den Erfolg seiner Werke, da sich die Leser, die der Zeit entsprechend bis zum Rand ihrer Erschöpfung arbeiten, hier wiederfinden können. Der Sieg des Geistes im schriftstellerischen Werk verberge Schwäche und körperlichen Verfall.

Aschenbachs Karriere ist trotz dieses Leistungswillens nicht gleichmäßig verlaufen. In der schwierigen Phase der Jugend pflegte er eine zynische Ausdrucksweise, die ihm jedoch den Respekt jugendlicher Leser einbrachte. Er hatte öffentlich Fehler begangen und musste Niederlagen einstecken. Doch nach dem Erleiden etlicher Rückschläge reift er zum „Meister" (26).

Um dies zu erreichen, missachtet er einerseits psychologische Perspektiven wie z. B. die Annahme von Abgründigem im Menschen sowie den auf eine Formulierung der französischen Schriftstellerin Madame de Staël (1766–1817) zurückgehenden Satz, dass alles verstehen alles verzeihen bedeute. Andererseits verstärkt er seinen Sinn für Schönheit und Klassizität, d. h. für einfache, reine Formen. Wissen und Erkenntnis sind für ihn nicht die Basis der Kunst, wenn beides Willen und Moral untergräbt. So wird sein Werk mustergültig, würdig und streng. Der Dichter fühlt sich nun auf einer neuen Stufe seines Daseins, er spricht in einem seiner Texte vom „‚Wunder der wiedergeborenen Unbefangenheit'" (27). Gleichzeitig denkt er darüber nach, inwieweit die Suche nach einer reinen Form die Herrschaft des lediglich Formalen nach sich ziehe, so dass moralische Aspekte in einem Kunstwerk nur zweitrangig zu behandeln seien. „Form" ist für ihn also ambivalent. Sie ist einerseits sittlich, weil sie einer Disziplinierung des zu bearbeitenden Materials sowie der eigenen Leidenschaften entspringt, andererseits sieht Aschenbach formale Aspekte als jenseits aller Moral an: Form sei gegenüber ethischen Fragen gleichgültig und – noch schlimmer – sie versuche, alles Moralische zu dominieren.

Spielerische Momente und mutige Experimente zeichnen seine Texte aus, bis er endgültig zum Meister reift. Auszüge aus seinen Texten finden Eingang in die Lesebücher. Aschenbach wirkt so als amtlich anerkannter Erzieher. Dies ist das Ergebnis eines lebenslangen Kampfes gegen sich selbst. Das daraus resultierende Leiden und die Einsamkeit sind die Voraussetzung dafür, dass sein formelles und konservatives Können nun überall anerkannt wird. Höhepunkt des Ruhms ist die Verleihung des Adelstitels zu seinem 50. Geburtstag. Aschenbach empfindet diese Ehrung als ihm angemessen.

Die letzten Absätze des zweiten Kapitels sind der äußeren Biografie und dem Aussehen Aschenbachs gewidmet. Sehr knapp wird dargelegt, dass Aschenbach als

Aschenbachs Karriere: Von der schwierigen Jugendphase zur Meisterschaft

Streben nach dem mustergültigen, würdigen und strengen Werk

Ambivalente Form

Leiden und Einsamkeit als Voraussetzungen für meisterhaftes Können

Kurze Ehe

23

Erwachsener sich nach mehreren Stationen früh in München niedergelassen hat. Dort hat er die Tochter einer Gelehrtenfamilie geheiratet. Bald nach der Geburt des einzigen Kindes, einer Tochter, die nun ihrerseits schon verehelicht ist, verstarb Aschenbachs Ehefrau.

Vergeistigte Physiognomie

Die Gestalt Aschenbachs wird als eher zierlich beschrieben, so dass der große Kopf umso gewichtiger erscheint. Er ist brünett und an den Schläfen bereits ergraut. Eine hohe Stirn, müde und tief blickende Augen, eine randlose Brille, eine „edel gebogene" (30) Nase, magere Wangen, ein schlaffer Mund, ein weiches Kinn sind die Merkmale seiner Physiognomie. Geformt haben dieses Gesicht die inneren Abenteuer, z. B. das Imaginieren der Schrecken des Siebenjährigen Krieges im Rahmen seiner Biografie Friedrichs des Großen. Die Kunst hat bei ihm auch eine erhöhte Sensibilität, ein verfeinertes Nervensystem bewirkt.

Der Tod Gustav Mahlers im Mai 1911 inspirierte Thomas Mann zur Gestaltung Aschenbachs

Gustav Mahler 1860–1911

Drittes Kapitel (S. 31–77)

⇢ Umweg über Istrien, Fahrt nach Venedig ⇢ Ankunft in Venedig, Begegnung mit Gondoliere ⇢ Erste Begegnung mit Tadzio und seiner Familie ⇢ Interesse an Tadzio in künstlerischer und erotischer Hinsicht ⇢ Konflikt zwischen dem Wunsch nach Abreise und dem nach Fortdauer des Aufenthalts ⇢ Erkenntnis, wegen Tadzio in Venedig bleiben zu wollen	Reise nach Venedig, erste Begegnungen mit Tadzio, Überlegungen zur Abreise

Nach der Begegnung mit dem Wanderer auf dem Friedhof bleibt Aschenbach noch zwei Wochen in München. Dann setzt er seine Reisepläne um. Er fährt mit dem Nachtzug nach Triest, verweilt dort einen Tag und schifft sich dann nach Pola ein. Auf der Suche nach dem Neuen, Fremden fährt er gleich weiter zu einer nahen Insel in der Adria. Doch die dortige Art von Exotik, ein zerlumptes Landvolk mit einer fremden, völlig unverständlichen Sprache, die rauen Klippen, dazu das regnerische Wetter und die spießigen Hotelgäste können seine Sehnsucht nicht stillen. Nach anderthalb Wochen ist ihm das Ziel seiner Wünsche klar: Venedig.

Er nimmt das Motorboot zurück zum Festland. Im Hafen angekommen, besteigt er sofort ein veraltetes, dunkles Schiff nach Venedig. Ab jetzt muss er weitere merkwürdige Begebenheiten erfahren.

Umweg

Zunächst wird er von einem schmutzigen Matrosen grinsend begrüßt. Dann notiert ein ziegenbärtiger, buckliger Angestellter Aschenbachs Personalien auf dem Schiff. Dessen übertriebenes, unechtes Geschäftsgebaren, einem Zirkusdirektor ähnlich, betäubt den Verstand des reisenden Schriftstellers.

Vom oberen Deck aus kann er untätige Schaulustige an Land und Mitreisende im Vorderdeck der zweiten Klasse beobachten. Er registriert in der ersten Klasse junge Männer einer Handelsgesellschaft, die in heiterer Stimmung einen Ausflug nach Italien unternehmen. Unter den Fröhlichen sticht ein besonders auffällig bunt gekleideter Mann mit überzogenen Gebärden hervor. Ent-

Merkwürdige Begegnungen auf der Fahrt nach Venedig

setzt bemerkt Aschenbach bei näherem Hinsehen, dass es sich um einen alten Herrn handelt, der sich als Jugendlicher zurechtgemacht hat: rot geschminkte Wangen, Perücke, gefärbter Schnurrbart, eine billige, schlecht sitzende Zahnprothese. Die Hände des Greises verstärken den Kontrast zwischen dessen wahrem Alter und dem scheinbar jugendlichen Auftreten. Gleichwohl wird er von seiner Gruppe akzeptiert.

Bleierner Himmel über Venedig

Als das Schiff tatsächlich abfährt, registriert Aschenbach dies mit Schrecken. Die Überfahrt unter bleiernem Himmel, teilweise in Nebel und Regen, lässt ihn ein anderes als das ansonsten bei schönem Wetter besuchte Venedig erwarten, vielleicht „ein spätes Abenteuer des Gefühles" (38). Als der Regen aufhört, dämmert Aschenbach auf dem Deck, zunächst den Blick auf das öde Meer gerichtet. In seinen Tagträumen erscheinen einige der merkwürdigen Gestalten, die seinen Weg ab Beginn der Reise gekreuzt haben.

Erinnerung an einen anderen Dichter

Bei der Einfahrt in das graue Venedig denkt Aschenbach an einen anderen Dichter, der lange vor seiner Zeit Venedig als die Stadt gepriesen hat, die mit ihren Kuppeln seinen Träumen sowie dem Meer entstiegen sei (gemeint ist August Graf von Platen; vgl. dazu S. 107 f.).

Die Einfahrt verzögert sich um eine Stunde, da auf ein anderes Schiff gewartet werden muss. Nun ist die gute Stimmung bei den Handelsreisenden gestiegen. Doch der auf jugendlich zurechtgemachte Greis kann nicht so viel Alkohol vertragen, er ist über die Maßen betrunken.

Zweideutiges

Zweideutig leckt er mit der Zunge über seine Lippen. Aschenbach ist benommen, er befürchtet eine nicht aufzuhaltende Entstellung der Welt „ins Sonderbare und Fratzenhafte" (39). Zum Abschied lallt der schlecht Geschminkte „unsere Komplimente dem Liebchen, dem allerliebsten, dem schönsten Liebchen" (41). Aschenbach ist froh, dieser Szenerie entfliehen zu können.

Am Landungsplatz angekommen, ist er fasziniert von den venezianischen Palästen, Kirchen und Brücken. Um zu seinem Hotel am Lido zu gelangen, nimmt Aschenbach eine Gondel. Und wieder geschieht Merkwürdiges. Nach einer Reflexion über die Institution der schwarz lackierten und innen schwarz gepolsterten Gondeln Venedigs, die an Särge und damit an den Tod erinnern,

Das Schwarz der Gondeln

schließt Aschenbach die Augen, sich auf seinem weichen Sitz lässig der Fahrt hingebend. Der laue Wind vom Meer, die Stille, das leichte Schwanken der Gondel, die Distanz zum Gewimmel des Volkes lassen in ihm den Wunsch aufkeimen, dass diese Fahrt ewig währen möge.

Doch als er merkt, dass die Fahrt nicht dem eigentlichen Ziel entgegenstrebt, sondern aufs offene Meer führt, will er dem brutal und nicht typisch italienisch aussehenden Gondoliere Bescheid sagen, erfährt aber, dass er seinen Wunsch nach der ursprünglichen Fahrtroute nicht durchsetzen kann. So lehnt er sich zurück und genießt seine Trägheit in der bequemen Gondel. Befragt nach Lohn und Ziel, antwortet der Gondoliere nur knapp, dass er das Ziel, den Lido, erreichen und dass Aschenbach zahlen werde. Dieser entspannt sich weiter, auch wenn ihn kurz der Gedanke streift, er könne einem Verbrecher oder Mörder in die Hände gefallen sein.

Der Gondoliere

Am Lido angekommen, muss Aschenbach zunächst in einem Hotel Geld wechseln, um den Gondoliere zu entlohnen. Als er mit Kleingeld zurückkehrt, sind Gondel samt Gondoliere verschwunden. Sein Gepäck ist jedoch bereits an Land gebracht worden. Aschenbach wird darüber aufgeklärt, dass er mit einem Schiffer ohne Konzession gefahren sei, der nun aus Furcht vor seiner Entlarvung schnell flüchtete.

Im Hotel bezieht Aschenbach ein Zimmer mit Aussicht aufs Meer. Er ist noch mit seinen sonderbaren Reiseerlebnissen beschäftigt. Gegen Abend geht er zum Speisesaal des von Gästen aus vielen, häufig osteuropäischen Ländern besuchten Grandhotels. In der Hotelhalle fällt sein Blick auf eine polnische Gruppe mit einer Erzieherin, drei streng gekleideten Mädchen und einem vielleicht 14 Jahre alten Jungen mit längerem, gelocktem, „honigfarbenem" (50) Haar.

Erste Begegnung mit Tadzio

Aschenbach ist sofort von der vollkommenen Schönheit dieses Knaben im Matrosenanzug ergriffen. Er bemerkt dessen Lässigkeit im Vergleich zu den streng gehüteten Schwestern und vergleicht ihn mit dem „Dornauszieher" (51), einem Motiv der antiken Bildhauerei. Es handelt sich um einen nackten Knaben, der auf einem Felsblock sitzt, das linke Bein angewinkelt über den rechten Ober-

Bewunderung des schönen Knaben aus künstlerischer Sicht

schenkel gelegt, und sich einen Dorn aus dem linken Fuß zieht (vgl. S. 108). Als Künstler muss sich Aschenbach vor der Schönheit dieses Jungen verneigen und ihm die ungenierte Haltung verzeihen.

Reflexion über das Wesen der Schönheit

Nachdem die schlicht, aber vornehm gekleidete Mutter zu der Gruppe hinzugetreten ist, geht die Familie in den Speisesaal. Auf dem Weg dorthin erwidert der Junge Aschenbachs Blick. Die respektvollen Verhaltensweisen der Gruppe untereinander berühren Aschenbach. Während des Abendessens denkt er über das Wesen der Schönheit nach. Er sieht die Verbindung von Individuellem und Gesetzmäßigem als Voraussetzung von Kunst und Schönheit an.

Gedanke an Abreise aus gesundheitlichen Gründen

Am nächsten Tag ist der Himmel immer noch bedeckt. Da auch ein fauliger Geruch über der Lagune schwebt, denkt Aschenbach an eine Abreise. Aus gesundheitlichen Gründen hat er schon einmal bei diesen Witterungsbedingungen Venedig früher als geplant verlassen. Er packt daher sein Gepäck nicht ganz aus.

Beim Frühstück bemerkt er nur zwei Tische von dem seinigen entfernt die polnische Gruppe. Lediglich der Knabe fehlt. Aschenbach sieht es als Vorrecht des Schönen an, länger zu schlafen. Als der Junge dann im blau und weiß gestreiften Blusenanzug mit roter Schleife mit anmutigem Gang, stolz und zugleich noch kindlich scheu, erscheint, erschrickt Aschenbach über dessen „gottähnliche Schönheit" (57). Er vergleicht ihn erneut

Wahrnehmung Tadzios als antike Statue

mit antiken Statuen. Er betrachtet ihn wie ein Kunstwerk und entschließt sich sofort, doch nicht abzureisen. Er möchte so lange ausharren, wie der bewunderte Junge bleibt.

Aschenbach besucht nun den Strand, lässt sich an der gemieteten Strandhütte nieder und freut sich an dem bunten Badeleben. Er schaut über das geliebte Meer, träumt vor sich hin und erblickt plötzlich den schönen Knaben. Dieser geht an ihm vorüber und Aschenbach wird gewahr, wie der polnische Junge beim Anblick einer russischen Familie verächtlich das Gesicht verzieht.

Wahrnehmung menschlicher Züge an Tadzio

Aschenbach ist beglückt über die kindliche, fanatische Reaktion, denn diese verdeutlicht ihm, dass der Junge doch kein vollkommenes Kunstwerk bzw. kein „kostbares Bildwerk der Natur" (61) ist, menschliche Regungen zeigt und auch zu Beziehungen fähig ist.

Aschenbach nimmt aufgrund dieser Beobachtung noch weitere Einzelheiten an dem schönen Halbwüchsigen wahr. Er achtet auf seine helle und eher schwache Stimme, noch mehr aber hört er auf die, die ihn rufen, um die melodisch klingenden zwei Silben mit einem rufend gedehnten u-Laut am Ende zu vernehmen. Der so Faszinierte gibt seinen ursprünglichen Plan auf, am Strand Briefe zu schreiben, denn er will „die Situation, die genießenswerteste, die er kannte" (62) weiter auskosten. Er beobachtet nun den Bewunderten, wie er mit einer Gruppe Jugendlicher, die ihn als ihren Mittelpunkt ansehen, eine Sandburg errichtet. Ein stämmiger polnischer Bursche umschlingt den schönen Knaben und küsst ihn. Aschenbach bemerkt diesen Kuss und zieht wieder eine Parallele zur antiken Welt. Er ist versucht, dem Küssenden zu drohen, und zitiert in seinen Gedanken, wie der altgriechische Philosoph Sokrates den Jüngling Kritobulos, der einen jungen Mann geküsst hat, vor den Gefahren der sinnlichen Schönheit warnt. Er müsse jetzt ein Jahr reisen, um von den Wunden des Kusses kuriert zu werden.

Melodisch klingender Name

Mahnung durch Bezug zur Homoerotik in der Antike

Nach diesem Gedankenspiel frühstückt Aschenbach vollreife Erdbeeren. Er genießt träge die Wärme und sinnt über den Namen des Jungen nach, bis er aufgrund seiner Erinnerung an das Polnische zu dem Schluss kommt, dass mit den zwei melodischen Silben „Tadzio" die Abkürzung von „Tadeusz" gemeint sein müsse, „im Anrufe ,Tadziu' lautend" (63). Dann entdeckt er den Knaben badend im Meer. Als er aus dem Wasser kommt, kann Aschenbach seine Wahrnehmung nur noch in mythische Bilder kleiden. Er sieht

Genuss vollreifer Erdbeeren

> „die lebendige Gestalt, vormännlich hold und herb, mit triefenden Locken und schön wie ein zarter Gott, herkommend aus den Tiefen von Himmel und Meer" (64).

Und Aschenbach geht in seiner Betrachtung noch weiter – er ahnt etwas vom Beginn alter Zeiten, von der „Geburt der Götter" und dem „Ursprung der Form" (ebd.). Er fühlt, dass er auf den Jungen aufpassen muss.

Vergleich mit einem jungen Gott

29

Am Nachmittag hält sich Aschenbach in seinem Hotelzimmer auf. Im Spiegel betrachtet er sorgfältig sein müdes Gesicht und seine grauen Haare. Und er denkt gleichzeitig an seinen Ruhm und seinen Adelstitel. Zum Lunch begibt er sich wieder nach unten, und als er zu seinem Zimmer zurück möchte, begegnet er Tadzio im Lift. Aus der Nähe entdeckt Aschenbach einige Makel in der bislang als makellos erachteten Gestalt. Er nimmt physische Unzulänglichkeiten wie z. B. schlechte Zähne wahr. Die Überlegung, dass der Knabe nicht alt werden könnte, erfüllt ihn mit Genugtuung.

Begegnung mit Tadzio im Lift

Nach einem Aufenthalt auf seinem Zimmer fährt Aschenbach über die faulig riechende Lagune nach Venedig. Beim Gang durch die Gassen registriert er eine „widerliche Schwüle" (67). Gerüche aller Art bedrängen ihn. Er fiebert, er will nur weg aus dem Gebiet des ungesunden Klimas. Er beschließt, in ein anderes Seebad nahe Triest zu reisen, und kündigt kurzerhand sein Hotelzimmer.

Ungesundes Klima in Venedig

Am nächsten Tag weht ein frischerer Wind, und Aschenbach bereut bereits seine geplante Abreise. Beim Frühstück mahnt ihn der Portier zur Eile, denn das Auto sei schon fahrbereit. Da Aschenbach jedoch in Ruhe frühstücken möchte, beruhigt er den Portier mit dem Wunsch, etwas später ein öffentliches Verkehrsmittel zu benutzen, um zum Zug zu gelangen. Als Tadzio den Frühstücksraum betritt, schlägt er vor Aschenbach die Augen nieder.

Während der Fahrt mit dem Boot Richtung Bahnhof sieht Aschenbach nur die Schönheiten Venedigs. Wieder bereut er seinen Entschluss zum Verlassen der Stadt, da er weiß, dass er sie ansonsten nie mehr wiedersehen werde.

Reue über geplante Abreise

Der Zufall kommt ihm entgegen. Aschenbach erfährt, dass sein Gepäck bereits aufgegeben, aber in die falsche Richtung transportiert worden sei. Er freut sich über diesen Irrtum, kehrt zum Hotel zurück, scheinbar ärgerlich, nimmt ein ähnliches Zimmer wie zuvor. Die Luft erscheint ihm nun besser, doch der Himmel ist nach wie vor grau. Um Mittag erblickt er Tadzio. Aschenbach wird nun klar, dass ihm wegen Tadzio der Abschied schwergefallen ist.

Viertes Kapitel (S. 77–97)

→ Gleichklang der Tage bei schwülem Wetter	Aschenbachs Liebe zu Tadzio
→ Erstmaliger Genuss von Muße	
→ Tadzios Gestalt als Verkörperung der Idee des Schönen im Kontext mythologischer und philosophischer Reflexionen	
→ Überwindung der Schreibkrise in Tadzios Gegenwart	
→ Liebeserklärung und zunehmende Selbstauflösung	

Die glühende Hitze in Venedig wird nun zunehmend in mythologischen, teilweise erotisch aufgeladenen Bezügen dargestellt (z. B. „Nun lenkte Tag für Tag der Gott mit den hitzigen Wangen nackend sein gluthauchendes Viergespann durch die Räume des Himmels", 77). Die Tage verlaufen für Aschenbach im „wohlige[n] Gleichtakt" (78). Den Morgen verbringt er am Strand unter dem Schatten ausgespannter Segeltücher, abends nimmt er den betörenden Duft der Pflanzen im Park wahr und freut sich auf den nächsten Tag mit der gleichen Struktur.

Mythologische Anspielungen

„Der wohlige Gleichtakt des Daseins"

Als nach zwei Tagen sein irrtümlich in die falsche Richtung geschicktes Gepäck eintrifft, bleibt er weiterhin gerne bei seinem Entschluss, den Aufenthalt zu verlängern. Er, der sonst nie Muße genießen konnte, sich immer seinem Werk verpflichtet fühlte, erfährt nun erstmalig in seinem Leben eine Entspannung. Das jetzige, für ihn paradiesische Dasein mit seiner festgefügten Struktur steht im Gegensatz zu den Aufenthalten in seinem Landhaus im Gebirge.

Eintreffen des Gepäcks und Verlängerung des Aufenthalts

Tadzio begegnet ihm häufig, im Hotel, auf den Schiffsfahrten hin zur Stadt und zurück zum Lido, in den Gassen Venedigs und vor allem vormittags am Strand. Dort studiert der Künstler andächtig dessen wohlgeformte Gestalt.

Häufiges Studium von Tadzios vollkommener Gestalt

Um sich auf dieses Studium ganz einlassen zu können, steht Aschenbach jeden Morgen sehr früh auf und geht an den Strand, bevor dieser bevölkert ist. Einzig die Ankunft Tadzios beschäftigt ihn. Ist dieser dann eingetroffen, sieht er dem am Strand Spielenden, dem im Meer Badenden, dem Träumenden sehnsüchtig zu.

Vergleich von Tadzios Sprache mit Musik

Da er das, was Tadzio sagt, nicht verstehen kann, erklingt ihm dessen Sprache wie Musik. Aschenbach bewundert den anmutigen Knaben grenzenlos. Er nimmt wahr, wie dessen Gefährte Jaschu dienend zu dem Schönen aufblickt. Und wieder preist der Dichter Tadzios körperliche Vollkommenheit und nennt sie „dies göttliche Bildwerk" (83). Er sieht dessen Leib durch einen reinen Willen geschaffen.

Körper als Spiegel geistiger Schönheit

Dieser Schöpfungsakt ist Aschenbach als Künstler vertraut. Auch er versucht aus dem Rohmaterial der Sprache die Form, die er zuvor „im Geiste geschaut" (ebd.) hat, zu gestalten. Diese Form soll „Standbild und Spiegel geistiger Schönheit" (ebd.) darstellen.

Tadzio: Für Aschenbach das Schöne an sich

In Tadzio glaubt Aschenbach das Schöne an sich, das Schöne selbst zu verstehen. Der Knabe dient ihm als menschliches Gleichnis reiner Vollkommenheit, die sonst nur in geistigen Sphären existiert. Aschenbach befindet sich in einem Rauschzustand. Er betet in Tadzio das Wesen der Schönheit an. Denn nur – so sein an die namentlich nicht genannte Philosophie Platons angelehnter Gedankengang – über einen schönen, von der Sonne als gleichnishaftem Ort der Wahrheit beschienenen Körper lassen sich rein geistige Aspekte erahnen.

Vision des Sokrates, der Phaidros über den durch das Schöne ausgelösten Schrecken belehrt

In einer Art Vision sieht Aschenbach eine von lieblicher Landschaft umgebene Szenerie aus dem antiken Athen, in der der Philosoph Sokrates den Jüngling Phaidros über den Schrecken belehrt, der einem Betrachter beim Anblick eines Gleichnisses ewiger Schönheit widerfährt. Sokrates spricht von der Ekstase bei der Wahrnehmung eines vollkommenen menschlichen Körpers, denn die Schönheit ist

> „die einzige Form des Geistigen, welche wir sinnlich empfangen, sinnlich ertragen können. [...] So ist die Schönheit der Weg des Fühlenden zum Geiste, – nur der Weg, ein Mittel nur" (86).

Das Göttliche im Liebenden

Und in diesem Zusammenhang wird an die weitere Einsicht Platons erinnert, dass nämlich der Liebende göttlicher als der Geliebte sei, denn nur im Liebenden sei Göttliches, befinde sich der Weg zur Wahrheit.

Diese Gedanken erwecken in Aschenbach die Produktivität; er verspürt plötzlich den Wunsch zu schreiben. Er möchte aber nur in Tadzios Gegenwart arbeiten, will seinen Stil den Linien dessen Körpers folgen lassen (vgl. 87). Er weiß nun, dass „Eros im Worte" (ebd.) sei. Es gelingt ihm, anderthalb Seiten „erlesener Prosa" (ebd.) zu verfassen, die bald berühmt werden sollen.

Aschenbachs neue Produktivität

Es folgt nun eine Reflexion darüber, dass es gut für den Leser sei, nicht immer über die Entstehungsbedingungen eines Werks Bescheid zu wissen, das ein Produkt des ‚seltsam zeugenden Verkehrs' „des Geistes mit einem Körper" (88) sei.

Leser soll keine Kenntnis über Entstehungsbedingungen eines Werks haben

Nach dem Verfassen des Textes ist Aschenbach erschöpft. Sein Gewissen plagt ihn wie nach einer Ausschweifung. Noch immer hat er kein Wort mit Tadzio gewechselt.

Am folgenden Morgen, als Tadzio allein in Richtung Meer geht, überlegt er jedoch, diesen anzusprechen. Doch als er ihn grüßen möchte, schlägt sein Herz derart, dass er darauf verzichtet. Er denkt, dass er sich so besser den Rausch der Schönheit erhalten könne.

Unfähigkeit, Tadzio anzusprechen

Aschenbachs Wunsch nach Heimkehr ist nun völlig verblasst. Er befürchtet nur noch die Abreise der polnischen Familie und feiert jeden Morgen unter Einbeziehung mythischer Vorstellungen, Tadzio wiederzusehen, „und sein Herz träumte zarte Fabeln" (93). Immer noch haben der Liebende und der Geliebte kein Wort miteinander gesprochen, so dass Aschenbach den schönen Jüngling weiterhin verklärt wahrnehmen kann. Doch mit der Zeit bildet sich eine Art Beziehung zwischen dem Älteren und dem Jüngeren heraus. Es scheint so, als ob Tadzio bewusst gelegentlich vor Aschenbach auftritt. Wenn sich dann ihre Blicke treffen, bleiben beide „tiefernst" (95).

Zunehmende Passion Aschenbachs und Verklärung Tadzios

Blickkontakte

Eines Abends fehlt die polnische Familie im Speisesaal. Erleichtert registriert Aschenbach, dass sie etwas verspätet von einem Ausflug zurückkehrt. Tadzio scheint blasser als sonst zu sein, seine Augen wirken tiefliegend. Mit Schmerzen betrachtet der Künstler die Schönheit des Knaben und vergleicht dessen Lächeln mit dem des Narziss, eines schönen Jünglings der griechischen Sage (vgl. dazu S. 96). Aschenbach ist nicht auf die unerwartete Begegnung vorbereitet und vermag deshalb seine Ge-

Lächeln des Narziss

**Aschenbachs
Liebesgeständnis**

fühle nicht zu kontrollieren. Als Tadzio ihn anlächelt, ist er erschüttert, kann das Geschehen nicht fassen und flieht von der hell beleuchteten Terrasse des Hotels in den dunklen Park. Überwältigt von diesem Ereignis flüstert er sein Geständnis: „Ich liebe dich!" (97)

Fünftes Kapitel (S. 97–139)

Ausbruch der Cholera und Aschenbachs Tod	
	⇒ Spuren der Cholera in Venedig
	⇒ Parallele zwischen dem „Geheimnis" der Stadt und dem Aschenbachs
	⇒ Legitimation seines Handelns gegenüber den Vorfahren
	⇒ Ausbreitung der Cholera; Aschenbachs Rausch und dionysischer, ekstatischer Traum
	⇒ Kosmetische Verjüngung
	⇒ Widerruf seiner Meisterschaft und Bilanz seiner Erfahrung des Schönen mit Bezug zur antiken Philosophie; Bekenntnis zur Ausschweifung
	⇒ Aschenbachs Tod

**Veränderungen in
Venedig**

In der vierten Woche seines Venedig-Aufenthalts beobachtet Aschenbach merkwürdige und unheimliche Veränderungen: Gäste reisen vermehrt ab. Insbesondere die deutschen Touristen verlassen den Ort. Beim Friseurbesuch erfährt er von einem „Übel" (98) in der Stadt, aber Näheres lässt der Friseur nicht verlauten.

**Verleugnen der
Gefahr**

Als Aschenbach mittags wieder einmal Tadzio verfolgt, nimmt er einen süßlichen Geruch wahr, der an Krankheit und hygienische Sauberkeit erinnert. Öffentlichen Anschlägen entnimmt er Warnungen vor dem Wasser aus den Kanälen und dem Genuss von Austern und Muscheln. Auch ein befragter Schmuckhändler gibt Aschenbach keine genaue Auskunft. Im Hotel studiert er Zeitungen, um Näheres über eine mögliche Epidemie zu erfahren. Nur in deutschsprachigen Zeitungen ist davon zu lesen.

**Aschenbachs
Wunsch, die
Epidemie zu
verschweigen**

Aschenbachs erster Impuls ist nun, dass die Epidemie weiter amtlich verschwiegen werden solle. Im Geheimnis des bevorstehenden Chaos in der Stadt sieht er einen Spiegel seines Geheimnisses der verschwiegenen Liebe.

So wie sich durch die Epidemie die Sitten in Venedig lockern werden, so kann sich auch seine eigene bisherige Disziplin lockern.

Am meisten fürchtet er die mögliche Abreise Tadzios. Er verfolgt den Schönen mehr als je zuvor. Selbst im Gottesdienst beobachtet er ihn. Durch ganz Venedig jagt er den Spaziergängen der polnischen Familie nach. Er verfolgt sie auch unauffällig mit der Gondel, zurückgelehnt in die schwarzen Kissen, und nimmt Gemäuer, üppige Blumen, zwielichtige Bettler und andere Gestalten „mit kriecherischen Gebärden" (103 f.) wahr.

Verfolgung des schönen Tadzio

Zunehmend ist Aschenbach von dem anmutigen Tadzio betört. Doch er erinnert sich auch an seine eigene Herkunft aus einer disziplinierten bürgerlichen Familie. Gleichzeitig macht er sich aber bewusst, dass er sich als Künstler schon weit von der familiären Tradition entfernt hat, auch wenn er männliches Soldatentum vorweisen kann: Sein Krieg war jedoch der Kampf mit der Kunst; heldenhaft und enthaltsam hat er ebenso wie die Militärs seiner Familie gelebt.

Aschenbachs Erinnerung an seine eigene Herkunft

Die Begierde nach Tadzio ordnet Aschenbach dem Männlichen und Tapferen zu:

Entsprechung von Homoerotik und Soldatentum

> „[...] und es wollte ihm scheinen, als sei der Eros, der sich seiner bemeistert, einem solchen Leben auf irgendeine Weise besonders gemäß und geneigt." (106)

Seine Überlegungen beziehen sich weiter auf sein Verhältnis zu Tadzio: Für den Liebenden sei es keine Schande, zu bitten, zu gefallen und sich zu demütigen. Über den Knaben hinaus interessiert ihn jedoch auch die Todesfalle in Venedig, deren wahre Beschaffenheit die Behörden immer noch verschleiern. Auch der Geschäftsführer seines Hotels verweigert ihm die Antwort auf die Frage nach dem Grund der Desinfizierung der Stadt. Und Aschenbach möchte die Lüge aufrechterhalten, da diese Verschleierung zu seinem „Geheimnis" passt.

Demütigung des Liebenden

Verschleierung der Todesgefahr

Als fragwürdige Straßenmusiker auf der Hotelterrasse vulgäre Musik spielen, hört der verliebte alternde Künstler gerne zu. Er ist angespannt, als er merkt, dass Tadzio sich in seiner unmittelbaren Nähe über ein Geländer lehnt, in anmutiger Pose, mit gekreuzten Füßen sowie

Unfähigkeit, Tadzios Blick auszuhalten

einem Ansatz von Lächeln und Neugier. Aschenbach schaut zu Boden, er kann jetzt nicht ertragen, von dem Angebeteten angeblickt zu werden.

Der unterwürfige Gitarrist der Gruppe, mager, rothaarig und mit roten Augenbrauen, bartlos mit nacktem Adamsapfel, scheint nicht aus Venedig zu stammen, sondern eher aus Neapel. Als er über die Terrasse marschiert, kommt er direkt an Aschenbach vorbei, der an dem Musikanten den Geruch eines Desinfektionsmittels wahr-

Lüge des Gitarristen

nimmt. Aschenbach möchte nun auch von ihm den Grund der Desinfizierung der Stadt erfragen. Aber auch dieser Mensch belügt ihn, nennt nur den Scirocco (dem Föhn vergleichbarer, trockener, warmer Wind in den Mittelmeerländern) und die drückende Witterung als Ursache einer vorbeugenden Maßnahme.

Das Abschiedslied, „ein dreister Schlager in unverständlichem Dialekt und ausgestattet mit einem Lach-Refrain" (115), endet in rhythmischem Lachen. So ein Hohngelächter hat Aschenbach noch nie gehört. Sämtliche Gäste und Angestellte des Hotels fallen in das Gelächter ein,

Erneute Wahrnehmung der Kränklichkeit Tadzios

nur er und Tadzio nicht. Aschenbach blickt ernst zu Tadzio hinüber, der – so scheint es Aschenbach – ebenso ernst seinen Blick erwidert. Es scheint ihm auch, als seufze der Knabe gelegentlich, und der Künstler denkt wieder, dass Tadzio kränklich sei und nicht lange leben werde.

Die Zeit läuft …

Am Ende der Veranstaltung bleibt Aschenbach einsam auf der Terrasse zurück. Er erinnert sich an eine Sanduhr in seinem Elternhaus.

Aufklärung im Reisebüro: Cholera aus Indien eingeschleppt

Am nächsten Tag fragt er in einem englischen Reisebüro nach dem Grund der allgegenwärtigen Desinfektion. Zunächst beruhigt ihn der Angestellte mit der amtlichen Erklärung, aber dann klärt er ihn auf: Die Cholera, aus den indischen Sümpfen und Urwäldern, in denen Tiger leben, stammend, grassiere schon seit mehreren Jahren in Asien. Durch syrische Kaufleute habe sich die Epidemie übers Meer in das Gebiet des Mittelmeers ausgeweitet. Mitte Mai dieses Jahres habe man zwei Leichen gefunden, die eindeutig an der Cholera gestorben seien. Die Sterberate sei immens hochgeschnellt, vermutlich seien auch Lebensmittel infiziert. Die vorzeitige sommerliche Hitze verstärke die Ausbreitung.

Des Weiteren informiert ihn der Angestellte des Reisebüros, dass der Tod qualvoll sei; der Kranke verdorre innerhalb weniger Stunden. Aus ökonomischen Gründen, aus Angst vor finanziellen Verlusten durch den ausbleibenden Tourismus vertuschten die Behörden die Epidemie. Die Einwohner wüssten, um was es geht, da sie ihrer korrupten Oberschicht sowieso nicht vertrauten. Die ständige Nähe des Todes führe zu unmoralischem Verhalten. Kriminalität und Schamlosigkeit stiegen.

Unmoralisches Verhalten in der Folge der tödlichen Epidemie

Der Angestellte rät Aschenbach zur sofortigen Abreise, da eine Sperre die Stadt isolieren könnte. Aschenbach erwägt eine „reinigende und anständige Handlung" (123), nämlich die Mutter von Tadzio zu warnen und zur Abreise zu drängen. Doch er entschließt sich zu schweigen, berauscht vom Bewusstsein seiner Mitschuld:

Aschenbachs Schuldigwerden: Verschweigen der Gefahr

> „Das Bild der heimgesuchten und verwahrlosten Stadt […] entzündete in ihm Hoffnungen, unfaßbar, die Vernunft überschreitend, und von ungeheuerlicher Süßigkeit. […] Was gab ihm noch Kunst und Tugend gegenüber den Vorteilen des Chaos?" (124)

In der folgenden Nacht hat Aschenbach einen orgiastischen Traum. Er träumt von einem lauten, schrillen, erotischen Getümmel, in dem immer wieder ein langgezogener u-Laut, süß vom Spiel einer Flöte übertönt, erklingt. Der Träumende nimmt den fremden Gott wahr. Eine große tobende Menge von Menschen und Tieren überschwemmt ein Bergland, das dem um sein Sommerhaus ähnelt; Frauen, die Schellentrommeln schütteln, Dolche schwingen, züngelnde Schlangen oder ihre Brüste in den Händen halten; urwüchsige Männer, die wie von Sinnen auf Pauken oder Becken schlagen; Knaben, die Böcke anstacheln, an deren Hörner sie sich klammern, um sich mitschleifen zu lassen; und die gesamte wilde Horde heulte den langgezogenen u-Ruf. Der Träumende erkennt Gerüche von fauligem Wasser, vom Schweiß ungehemmter Leiber und von Krankheit. Ein obszönes Symbol aus Holz wird enthüllt und führt zur Steigerung des Wahnsinns in der Menge. Der Träumende fühlt sich nun dem fremden Gott gehörig, sieht sich identisch mit den wahnsinnig Gewordenen, die nun Tiere zerreißen, deren Fetzen verschlingen und sich auf dem Boden vermischen,

Orgiastischer Traum vom fremden Gott und obszönen Symbol

Identifikation Aschenbachs mit den Rasenden seines Traums

„dem Gotte zum Opfer. Und seine Seele kostete Unzucht und Raserei des Untergangs." (127)

Vorstellung, mit Tadzio allein in der leeren Stadt zu sein

Kosmetische Verjüngung

Aschenbach ist es nun gleichgültig, was die Umwelt von ihm denkt. Viele Gäste kennen die Wahrheit und reisen jetzt ab, nur die polnische Familie bleibt noch. Aschenbach stellt sich vor, allein mit Tadzio in Venedig zu sein. Er versucht nun, sein Äußeres zu verjüngen, lässt sich die ergrauten Haare färben und das Gesicht schminken. Er trägt eine rote Krawatte, sein Hut ist mit bunten Bändern umschlungen.

Orientierungslose Verfolgung von Tadzio

Immer mehr Fäulnisdünste erfüllen die Luft Venedigs. Fiebrig verfolgt Aschenbach den schönen Knaben im Labyrinth der Gassen. Sein Ortssinn aber versagt, er verliert Tadzio. Durstig und am ganzen Körper zitternd kauft er bei einem Händler überreife Erdbeeren und isst sie sofort. An einem Brunnen lässt er sich erschöpft nieder, der Dichter, der sich immer wieder bezwungen hat.

Widerruf des klassischen Ideals und erneute Erinnerung an antike Philosophie: Streben kann sich nur auf Schönheit, nicht auf Erkenntnis richten

In einer Art Trance- oder Dämmerzustand memoriert er nun Teile des Dialogs von Sokrates und Phaidros, in dem folgender Gedanke entwickelt wird: Der Dichter solle kein Erzieher sein, da er nur in Kontakt mit dem Abgrund und dem Eros sein Werk schaffen kann. Erkenntnis sei

„ohne Haltung und Form; sie hat Sympathie mit dem Abgrund, sie i s t der Abgrund. (135)

Dominanz der Form führt zu Amoral und Rausch und damit in den Abgrund

So kann das Streben sich nicht nach Erkenntnis richten, sondern nur nach Schönheit, d. h. nach „Einfachheit, Größe und neue[r] Strenge" (135). Doch der Gedanke geht weiter – wenn sich die Dichter mit der Form befassen, führt dies zum Rausch. Sie können dann nur noch ausschweifend sein, sind aber nicht in der Lage, sich zu geistig höheren Sphären aufzuschwingen. Der Rausch, bedingt durch die Gier nach Form, führe zum Abgrund.

Tadzios bevorstehende Abreise

Einige Tage nach dem Traum fühlt sich Aschenbach zunehmend krank, ihm ist schwindlig. Er leidet auch an seiner Perspektivlosigkeit. Er bemerkt, dass die polnische Familie Vorbereitungen zur Abreise trifft, und geht zum inzwischen verlassenen und verschmutzten Strand, der herbstlich auf ihn wirkt. Ein Fotoapparat auf einem

Stativ steht am Strand. Ein schwarzes Tuch, das ihn bedeckt, flattert im Wind.

Noch einmal sieht der alternde Künstler Tadzio im Kreis seiner Gespielen am Strand. Er beobachtet einen Ringkampf zwischen dem stämmigen Jaschu und dem grazilen Tadzio. Tadzio verliert, Jaschu lässt aber nicht ab von ihm, sondern drückt sein Gesicht in den Sand und schnürt ihm die Luft ab. Entsetzt will Aschenbach zu Hilfe eilen, da gibt Jaschu sein Opfer frei und Tadzio läuft den Strand entlang, malt mit der Fußspitze Figuren in den Sand und wandert dann durch seichtes Wasser weiter auf eine Sandbank, von der aus er mit flatterndem Haar zum Meer hinausblickt.

Plötzlich dreht er sich um und begegnet dem Blick des am Strand stehenden Aschenbach. Dieser hat den Eindruck, dass Tadzio ihm zulächle, ihm winke und mit der Hand „hinausdeute, voranschwebe ins Verheißungsvolle-Ungeheure. Und, wie so oft, machte er sich auf, ihm zu folgen." (139)

Einige Minuten später bemerkt man den im Stuhl Zusammengesunkenen.

> „Und noch desselben Tages empfing eine respektvoll erschütterte Welt die Nachricht von seinem Tode." (Ebd.)

Zentrale Figuren

Eigentlich gibt es nur eine einzige zentrale Figur in der Novelle: Aschenbach. Da die Begegnung mit Tadzio für ihn ganz wesentlich ist, wird auch dieser im Folgenden charakterisiert. Zu den leitmotivisch auftretenden Todesboten siehe das Kapitel „Der Tod – Bilder und Leitmotive", S. 72–78.

Die Transformation des Künstlers

Die Transforma-tion Gustav von Aschenbachs – Von Selbst-disziplin zum Selbstverlust	
⇒	Prägung durch unterschiedliche Herkunft und Veranlagung der Eltern; Vater: geistige Tätigkeit, Disziplin; Mutter: künstlerisches Talent, Sinnlichkeit
⇒	Schlechte körperliche Verfassung
⇒	Einsamkeit und Unterdrückung der Gefühle
⇒	Lebensmotto: „Trotzdem"
⇒	Schreibkrise
⇒	Selbsttäuschung in Bezug auf die Reise in den Süden
⇒	Begegnung mit dem Schönen
⇒	Legitimationsversuche von Homoerotik unter Einbeziehung von Mythologie und Philosophie
⇒	Kurze Überwindung der Schreibblockade durch Erleben des Eros
⇒	Akzeptanz der physischen und moralischen Auflösung durch den Ausbruch der Cholera
⇒	Schuld: Verschweigen der Cholera-Gefahr
⇒	Symbolhafter Tod ohne medizinisch klare Ursache

Aschenbachs Transformation und deren Bewertung durch den Erzähler

Aschenbach erfährt im Verlauf der Handlung eine tiefgreifende Verwandlung. Der disziplinierte, geachtete Schriftsteller, der er vor der Reise war, verändert sich während der Reise radikal. Diese Veränderung führt zu Selbstverlust und Tod.

Oft wird er aus der Erzählerperspektive charakterisiert, seine Einstellungen und Verhaltensweisen werden teilweise entsprechend bewertet.

Das äußere Geschehen der Handlung und die Innenwelt Aschenbachs erfahren durch den häufigen Rekurs auf die antike Mythologie und das Denken Platons und Nietzsches eine Intensivierung. Zunächst soll jedoch die Charakterisierung Aschenbachs und seines Bildes von Tadzio erfolgen. Im Kapitel „Kunst und Leben" (S. 90– 108) schließen sich Lesarten der beiden Figuren und der damit verbundenen Thematiken vor dem Hintergrund der gerade genannten Philosophien und mythischen Anspielungen an.

Aschenbach vor der Reise in den Süden

Über den Charakter, die Einstellungen und Herkunft Aschenbachs vor seiner Reise gibt insbesondere das zweite Kapitel Auskunft.

Herkunft

Ein von Thomas Mann in etlichen Werken verwendetes Muster zur Erklärung der inneren Spannungen, denen ein Künstler ausgesetzt ist, ist die sehr unterschiedliche Herkunft der Eltern.

Aschenbachs Vater stammt aus einer Familie, zu denen Offiziere, Richter und hohe Verwaltungsbeamte gehören. Stets im Dienste eines Königs und eines Staates führten sie ihr „straffes, anständig karges Leben" (19). Disziplin, Pflichterfüllung und karger Lebensstil zeichneten die Vorfahren aus. Auch ein Prediger ist darunter, der das geistige Element in diesen Zweig der Familie einbringt. Die Mutter jedoch, aus einer böhmischen Musikerfamilie stammend und von fremdartigem Aussehen, bringt das sinnliche Element in die Familie Aschenbachs. Aus der Verbindung solch unterschiedlicher Elternteile, aus der „Vermählung dienstlich nüchterner Gewissenhaftigkeit mit dunkleren, feurigeren Impulsen" (ebd.) resultiert das spezielle Künstlertum Aschenbachs.

Herkunft der Eltern

Da der junge Aschenbach kränklich war, blieb ihm der offizielle Schulbesuch erspart. Seine Eltern beauftragten für ihn Hauslehrer. So hatte Aschenbach in seiner Jugend keine Schulfreunde.

Schwache Konstitution seit Jugendzeit

Physiognomie und „Überfeinerung" der Nerven: Prägung durch Kunst

Am Ende des zweiten Kapitels der Novelle wird das Erscheinungsbild Aschenbachs zum Zeitpunkt des folgenschweren Spaziergangs zum Münchner Nordfriedhof beschrieben.

Hohe Sensibilität zeigt sich im Gesichtsausdruck

Seiner geistigen Existenz entsprechend, stellt der Erzähler die auffällige Proportion von Kopf und Körper fest – der Kopf erscheint etwas zu groß im Verhältnis zur zierlichen Gestalt des Dichters. Graue Schläfen, streng gebürstetes brünettes Haar, bartlos, hohe Stirn, eine randlose Brille – es wird deutlich, wie die künstlerische Daseinsform das Äußere prägt, zumal auch die Rede ist von der gefurchten Stirn, von dem einmal schlaffen, einmal angespannten schmalen Mund, von müden Augen und einem „leidend" (30) seitwärts geneigten Kopf. Der Erzähler merkt an, dass die inneren Abenteuer eines Künstlers die Physiognomie genauso prägen wie die in der Außenwelt stattgefundenen Ereignisse, ja, noch viel prägender sind. „Sie [die Kunst] beglückt tiefer, sie verzehrt rascher." (30) Sie hinterlässt auf Dauer

Die prägenden Abenteuer der Innenwelt

> „eine Verwöhntheit, Überfeinerung, Müdigkeit und Neugier der Nerven, wie ein Leben voll ausschweifender Leidenschaften und Genüsse sie kaum hervorzubringen vermag." (Ebd.)

Bezug zu Gustav Mahler

Die so beschriebene Physiognomie hat Thomas Mann einer Fotografie des 1911 verstorbenen Komponisten Gustav Mahlers (vgl. S. 24) entlehnt. Auch der Vorname „Gustav" kann als Reverenz vor dem von Mann geschätzten Künstler gelten.

„Durchhalten" mit geschlossener Faust: Selbstdisziplin als Lebenshaltung

Wege zum Ruhm

Die Fähigkeit zur Selbstdisziplin hat Aschenbach vom Vater geerbt. Schon als Schüler begann er zu schreiben. Mit äußerster Strenge gegen sich selbst hat er im Laufe seines Lebens ein Werk geschaffen, das ihm Ruhm und Ehre einbrachte. Bereits mit vierzig Jahren ist er ein international anerkannter Schriftsteller.

Ernennung zum Staatsdichter; Verleihung des Adelstitels

Zeichen seiner offiziellen Ehrung ist, dass Auszüge seiner Texte in Lesebüchern veröffentlicht werden. Damit ist er in den Rang eines Staatsdichters aufgestiegen. Unterstrichen wird diese Auszeichnung dadurch, dass er aufgrund seiner künstlerischen Leistungen zum 50. Geburtstag den Adelstitel erhält.

Bereits ab dem vierzigsten Lebensjahr kasteit Aschenbach seinen Körper, um weiter in der gewohnten Selbstzucht an seinem Werk arbeiten zu können. Jeden Morgen gießt er sich kaltes Wasser über Brust und Rücken, um anschließend zwei bis drei Stunden schreiben zu können. Die im Schlaf zuvor gewonnenen Kräfte bringt er „der Kunst zum Opfer dar" (22).

Körperliche Kasteiung und Opferung des Lebens für die Kunst

Diesem Leistungswillen entsprechend hat er seine Jugend nicht ausgelebt. Einer seiner Beobachter formuliert zur Zeit einer Erkrankung Aschenbachs:

> „,Sehen Sie, Aschenbach hat von jeher nur so gelebt' – und der Sprecher schloß die Finger seiner Linken fest zur Faust –; ,niemals so' – und er ließ die geöffnete Hand bequem von der Lehne des Sessels hängen." (20)

Einsamkeit ist Voraussetzung und Konsequenz seines Lebensstils. Der Kunst opfert er sein Leben (vgl. S. 90 ff.). In Bezug auf die notwendige Selbstdisziplin sieht er sich als „Soldat" (105). Dies unterstreicht auch der Aufbau des viele biografische Daten beinhaltenden zweiten Kapitels. Zunächst werden eine Liste mit Titel und Kurzinhalt seiner Werke, seine Grundeinstellung zum Leben und zur Kunst und die Entwicklung seines Ruhms aufgeführt, dann folgt die knappe Feststellung, dass er schon in frühen Jahren München als seinen Wohnsitz wählte. Noch knapper, fast wie beiläufig, wird sein Familienstand erwähnt: Als junger Mann habe er eine Tochter aus einer Gelehrtenfamilie geheiratet. Aus der Ehe sei eine nun auch schon verheiratete Tochter erwachsen. Seine Frau sei „nach kurzer Glücksfrist" (29) früh verstorben. Als er zum international anerkannten Dichter wird, als sein Werk reift, nimmt er die „Würde des Geistes", aber auch die „Hofsitten einer Einsamkeit" (28) an.

Selbstverständnis als Soldat

Knappe Erwähnung der kurzen Ehe

Der Erzähler benennt als den zentralen Grund des Erfolgs Aschenbachs eine Art Übereinstimmung zwischen dem Leben des Autors und dem der Leserschaft. Wenn diese „geheime Verwandtschaft" (23) eintrete, verspüre der Leser Sympathie mit dem Werk. So wird der Heldentyp, den Aschenbach in seinem Werk erscheinen lässt,

Formel von Aschenbachs Leben: das „Trotzdem"

mit dem seines Schöpfers gleichgesetzt: das „Trotzdem" (ebd.) als Grundhaltung, als „Formel seines Lebens" (ebd.) entspricht einem zeitgemäßen Heldentum der Schwäche. Aschenbach ist damit der Autor derjenigen, „die am Rande der Erschöpfung arbeiten" (25).

Abwehr der Reize der Außenwelt; Ablehnung des Reisens

Seinem reichen Innenleben entsprechend muss sich Aschenbach von der äußeren Welt abkehren, um nicht noch mehr seine Nerven zu überreizen. Er lehnt Reisen ab, hat bislang seinen Wohnort nur aufgrund geschäftlicher Notwendigkeiten, Europa hingegen noch nie verlassen. Dies ist immer „gegen Sinn und Neigung" (14) geschehen.

Die Krise führt nun zu einem „Fluchtdrang" (16), er möchte sich durch räumliche Entfernung und neue Eindrücke von seinem innerlich erstarrten „Dienst" am Werk, von seinen preußischen Idealen und der Verpflichtung zum Meisterhaften befreien.

Krisen: Alter, Kunst und der Tiger

Zunehmende Kraftlosigkeit

Inzwischen hadert Aschenbach mit dem Prozess des Älterwerdens. Er spürt seine zunehmende Kraftlosigkeit, die er nur noch mit äußerster Willensanstrengung überwinden kann. Zu seinen Idealen gehört, als Künstler alt zu werden, um so „auf allen Stufen des Menschlichen charakteristisch fruchtbar zu sein" (21).

Ideal eines Künstlers: Unterdrückung der Gefühle

Die jetzige Schreibblockade rührt nicht daher, dass das Formulieren der Stelle, an der er arbeitet, besonders schwierig ist. Er fühlt sich durch „Unlust" (16), durch „eine durch nichts mehr zu befriedigende Ungenügsamkeit" (17) gelähmt. Eine ständige Unzufriedenheit hatte er stets als Stachel seiner Produktion empfunden. Aus diesem Grund hat er versucht, seine Gefühle erkalten zu lassen. Er hatte Angst, dass ein Künstler, der sich durch Gefühle leiten lässt, sich mit Halbheiten, mit nicht perfekten Kunstwerken zufriedengibt. Damit er sein Streben nach Perfektion aufrechterhalten kann, musste er seine Gefühlswelt unterdrücken.

Innere Erstarrung durch Streben nach Klassizität

Doch schon länger verspürt Aschenbach keine Freude an seinen immer noch – nun aus langer Übung – meisterhaften Werken. Da er durch sein Streben nach Klassizität, nach reiner Form die Fragwürdigkeit der Kunst verdrängt hat, wird sein Werk zunehmend musterhaft bis hin zur

Erstarrung. Jedes gemeine Wort wird nun aus dem Werk verbannt. Der Erzähler verdeutlicht seine Rüge an dieser einseitigen Lebensführung und Kunstauffassung ironisch, indem er davon spricht, dass etwas „Amtlich-Erzieherisches" (28) in das Schaffen Aschenbachs eingetreten ist, und er kritisiert ihn sanft als der „Formelle, selbst Formelhafte" (29). Nur durch immense Anstrengung seines Willens konnte Aschenbach sein Werk der Reifezeit schaffen. Er war – so kommentiert der Erzähler – „berufen, nicht eigentlich geboren" (21) für diese ständige Anspannung, die die Voraussetzung seines Kunstschaffens ist.

Da aber Aschenbach der Auffassung ist, dass nur ein mit Freude geschaffenes Werk dem Leser Freude bereiten kann, beschließt er zu reisen, um dem Aufenthalt im einsamen kalten Landhaus zu entgehen. Er sucht

Suche nach neuer Energie

> „etwas Stegreifdasein, TagediebEREI, Fernluft und Zufuhr
> neuen Blutes, damit der Sommer erträglich und ergiebig
> werde" (18).

Aschenbach vertritt hier die Auffassung, dass ein Ortswechsel Energiezufuhr bedeuten kann, und verbleibt damit in einem mechanistischen Menschenbild, wie es sich auch hinter dem lateinischen Zitat (vgl. 9) verbirgt: „motus animi continuus" („beständige Bewegung des Geistes"). Das ständige Triebwerk in seinem Inneren soll neue Kraft erhalten. Doch in der Fantasie der Landschaft mit einem Tiger kann noch mehr und Gefährlicheres enthalten sein.

Vision der Wildnis mit Tiger

Die Vision des tropischen, feuchten Sumpfgebietes, die die Begegnung mit dem Wanderer auf dem Münchner Nordfriedhof ausgelöst hat, bleibt Aschenbach in Erinnerung – auch der bedrohlich im Dickicht kauernde Tiger. Die üppige Wildnis, die wuchernden Gewächse, die Wasserpflanzen, die im Sumpf stehenden fremden großen Vögel sind als das zu verstehen, was Aschenbach stets unterdrückt hat: Erotik, Lust, Begierde. Sumpf und Tiger wecken in ihm ambivalente Gefühle: Entsetzen und Angst vor großer Gefahr sowie Begierde. Als er beschließt, zu einem Ort in den Süden zu fahren, heißt es: „Nicht gar weit, nicht gerade bis zu den Tigern." (18) An dieser Stelle glaubt Aschenbach noch, Kontrolle über seine Reise und seine weitere Entwicklung ausüben zu

Entschluss, in den Süden zu reisen; Selbsttäuschung

können, da er sich nur ein maßvolles Reiseziel aussucht („eine Siesta von drei, vier Wochen an irgendeinem Allerweltsferienplatze im liebenswürdigen Süden", ebd.). Die für ihn untypischen Begriffe aus dem touristischen Wortschatz wie „Siesta" und „im liebenswürdigen Süden" lassen vor dem Hintergrund der Begegnung mit der rätselhaften Figur des Wanderers auf dem Friedhof erahnen, dass diese angestrebte Leichtigkeit sich zu einem tragischen Irrtum entwickeln wird.

Vorwegnahme der Entwicklung Aschenbachs

Die Vision nimmt vorweg, was noch kommt: das Gefühl, den Boden unter den Füßen zu verlieren, „ein Gefühl des Schwimmens" (35) in der Wasser- und Stadtlandschaft Venedigs, die Erfahrung des für Aschenbach Fremdartigen und das Erlebnis des nicht zu zähmenden Tigers, d. h. der nicht zu unterdrückenden Leidenschaften, des Rausches und der Selbstauflösung bis zum Tod. Die individuelle Entwicklung Aschenbachs spiegelt sich sowohl im Rahmen einer kollektiven Urgeschichte als auch im Kontext der Philosophie (siehe dazu die Abschnitte „Todesboten" und „Bilder des Todes").

Aschenbach während der Reise

Das erste angestrebte Ziel, eine Insel in der Adria, entspricht nicht Aschenbachs Wünschen. Das Volk ist ihm zu laut, zu derb, die Klippen zu rau, die übrigen Hotelgäste zu spießig. Die Insel kann ihm nicht die Inspiration geben, nach der er sich sehnt. Er sucht „das märchenhaft Abweichende" (32). Bald ist ihm klar, dass sein Ziel nur Venedig sein kann, die Stadt mit der morbiden Atmosphäre, mit ihren zahlreichen Palästen und dem Markusdom mit seinen byzantinischen Elementen, in der seit Jahrhunderten westliche und östliche Kultur mit der Natur, mit dem unsicheren Meer, verschmelzen.

Umwege zum Ziel des morbiden Venedig

An diesem Punkt der Reise ist Aschenbach noch von großer Entschlusskraft. Nach anderthalb Wochen kündigt er „den irrigen Aufenthalt" (32). Er verlässt die Insel, um seiner Vision, die der Anblick des Wanderers am Nordfriedhof in ihm erzeugte, entgegenzufahren. Die Fahrten führen alle über das grenzenlose, ungestalte Meer; Aschenbach verlässt seine alte, sichere Welt mit ihrer Orientierung an Konventionen und Normen.

„Entstellung der Welt ins Sonderbare" – Aschenbachs Leidenschaft zu Tod und Tadzio

Die Vision der üppigen tropischen Wildnis lässt sich als Motto des gesamten Venedig-Aufenthalts verstehen: gefährliche Schönheit, Begierde, Verbotenes, Verlust des festen Bodens unter den Füßen, unterdrückte Sehnsucht, die sich nun leidenschaftlich ihren Weg bahnt.

Bereits Aschenbachs Schiffsreise nach Venedig und seine Überfahrt zum Hotel auf dem Lido erscheinen in zweifelhaftem Licht. Die Serie der Todesboten setzt sich nun verstärkt fort, und „[d]ie Entstellung der Welt ins Sonderbare" (35) schreitet voran. Aschenbachs bisher festgefügter Kosmos und seine Selbstdisziplin beginnen sich durch vielfältige Begegnungen aufzulösen. Dieser Prozess gipfelt darin, dass das lebendige Schöne in sein Leben einbricht.

Verlust des bisherigen Halts

Viele Vorausdeutungen lassen das Schicksal Aschenbachs erahnen. So begegnen ihm auf der Fahrt nach Venedig in dem rußigen Schiff ein unsauberer Matrose, ein schmieriger Kassierer und ein falscher Jüngling, ein alter Mann, der sich auf jugendlich zurechtgemacht hat. In Aschenbach kommt deshalb ein „Gefühl des Schwimmens" (ebd.) auf. Düster und stets von bleierner Witterung begleitet vollzieht sich das weitere Geschehen. Die schwarze Gondel erinnert den Dichter an einen Sarg, der Sitz, mit schwarzem Samt beschlagen, lädt zur Lässigkeit und Erschlaffung ein. Betrüger kreuzen seinen Weg. Und wieder erscheint es ihm, „als zeige die Welt eine leichte, doch nicht zu hemmende Neigung, sich ins Sonderbare und Fratzenhafte zu entstellen" (39). Aschenbachs Einsamkeit verstärkt diese Eindrücke, denn sie werden nicht durch das Urteil anderer relativiert, wie der Erzähler kommentiert (vgl. 48). Kurz gibt ihm die Etikette des Hotels noch Halt. Die Herren erscheinen im Abendanzug, in der „Uniform der Gesittung" (49).

Die Einsamkeit verstärkt verzerrte Eindrücke

Mit dem ersten Anblick des schönen Knaben Tadzio beginnt Aschenbachs „Abenteuer des Gefühles" (38). Zunächst vergleicht er die Frisur des Schönen mit der des Dornausziehers (der antiken Statue eines nackten Knaben, der sich einen Dorn aus der Fußsohle zieht und dessen längeres, lockiges Haar in fein frisierten Strähnen

Einordnung der Schönheit Tadzios in klassische Bildungsmuster

nach beiden Seiten fällt; vgl. S. 108), dann nennt er ihn neutralisierend-verallgemeinernd „das Schöne" (52) und deutet damit auf spätere philosophische Reflexionen über das Wesen des Schönen im Allgemeinen voraus (vgl. das Kapitel „Kunst und Leben").

Mit zunehmender Leidenschaft zu Tadzio gibt Aschenbach jedoch diese versachlichende Neutralisierung auf, und der Knabe wird immer häufiger als „der Schöne" bezeichnet. Voller Vorahnung, dass es besser sei, aus dem schwülen Venedig abzureisen, bleibt Aschenbach in der ihm gesundheitlich zusetzenden Stadt. Den bereits gefassten Entschluss zur Abreise nimmt er Tadzios wegen zurück. Auch scheint ihm, dem Alternden, die Abreise als schmähliche „physische Niederlage" (73), denn sie würde bedeuten, Venedig nie mehr wieder besuchen zu können (vgl. 72).

Zunehmende Emotionalisierung des Verhältnisses zu Tadzio

Risiko des eigenen Todes in der verseuchten Stadt

Eros und Erdbeeren

Die Beobachtung, dass der Spielkamerad Jaschu Tadzio auf den Mund küsst, führt Aschenbach endgültig in eine sexuell aufgeladene Sphäre. Nach dieser Beobachtung isst er zum ersten Male „vollreife Erdbeeren" (63) (die traditionell als Symbol erotischer Verlockung gelten; vgl. dazu den Abschnitt „Früchte", S. 82 f.) und nimmt die Gepäckvertauschung willig an, um in der Nahe Tadzios bleiben zu können. Die Geste der geschlossenen Faust, die seine Selbstdisziplin symbolisiert hat, wird nun zum Öffnen und Ausbreiten der Arme: „Es war eine bereitwillig willkommen heißende, gelassen aufnehmende Gebärde." (77)

Gelassenheit

Aschenbach ist nun in der Lage, Muße und damit das Verschwimmen konkreter Raum- und Zeitstrukturen genießen zu können. „[D]ie weiche und glänzende Milde dieser Lebensführung" (78) macht ihn in Zusammenhang mit dem Anblick der Märchenstadt Venedig und vor allem mit der Anwesenheit Tadzios glücklich.

Inneres Erleben von Kunsttheorien

Zunehmend gerät er in einen Rausch. Er glaubt nun die Fähigkeit zu haben, antike Kunsttheorien nicht nur zu kennen, sondern sie durch eigene erotische Leidenschaft auch emotional erleben zu können.

Überwindung der Produktionskrise durch Eros

In der Gegenwart Tadzios vermag der alternde Dichter wieder zu schreiben. Der „Eros im Worte" (87) hat ihn beflügelt, und er verfasst anderthalb Seiten „erlesener

Prosa" (ebd.). Die Schreibblockade ist überwunden, jedoch nicht die Lebenskrise.

Aschenbach gibt sich seiner inneren Ausschweifung, der andächtigen Bewunderung des schönen Tadzio, hin. Er, der weltbekannte Schriftsteller und Meister des Wortes, ist jedoch unfähig, den Knaben anzusprechen – vermutlich auch aus Angst, durch den realen Kontakt ernüchtert zu werden. Er möchte in seinem Rausch, in einer für ihn neuen „Zügellosigkeit" (89) verharren. Selbstkritik ist ihm nicht mehr möglich, der Gedanke an eine Abreise verflogen. Er verfällt Tadzio und verfällt damit selbst. Nach dem vor sich hin geflüsterten Eingeständnis „Ich liebe dich" (97) verfolgt er den Knaben in manischer Art und Weise quer durch die Gassen Venedigs, einmal bis in eine Messe im Markusdom hinein.

Verlust der Sprache im Kontakt mit Tadzio

Als Aschenbach die Gefahr der Cholera bewusst wird, freut er sich fast über dieses „Abenteuer der Außenwelt" (106), das Chaos und damit eine Lockerung der bürgerlichen Ordnung nach sich ziehen werde. Daher ist er zunächst mit der Vertuschung der Seuche durch die Stadtverwaltung zufrieden. Die Seuche gilt ihm als „dieses schlimme Geheimnis der Stadt, das mit seinem eigensten Geheimnis verschmolz" (100). Auch die Einsicht, dass Tadzo eventuell kränklich sein könnte, bereitet ihm Genugtuung.

Mehr und mehr wird ihm nun klar, dass er ohne Tadzio nicht mehr leben kann, und so fürchtet er, dass der Schöne und seine Familie wegen der Seuche abreisen könnten. Er verwirft den moralischen Gedanken, die Familie zu warnen – zugunsten seiner Sehnsucht nach Tadzio.

Mit dem Verlust der Moral geht eine zunehmende Verwirrung einher. Aschenbach vermag nur kurz sein „Glück eines späten Rausches" (104) zu reflektieren, kann sich aber nicht mehr kontrollieren und lauscht – er, der einst Würdevolle – an der Tür zu Tadzios Hotelzimmer. Doch er legitimiert diese Art von Liebe vor sich selbst. Da er immer tapfer ein Leben im „Trotzdem" (106) geführt habe, sei der Eros ihm gemäß, der bei „den tapfersten Völkern vorzüglich in Ansehen gestanden" (ebd.) habe – in Anspielung auf Homosexualität und Knabenliebe in der griechischen Antike (vgl. dazu das Kapitel „Kunst und Leben", S. 98 f.).

Verlust der Moral

Legitimation der Homoerotik

Zunehmende Kritik des Erzählers

Der Erzähler charakterisiert Aschenbach nun zunehmend durch zum Teil als pathologisch bewertete Gefühlszustände der Verwirrung und des Verfallenseins an Tadzio als

- der Abenteuernde, der Verwirrte, in völliger Trunkenheit (vgl. 104),
- der Betörte (vgl. 106), der Verirrte (vgl. 110), der Einsame (vgl. 113, 123), der Starrsinnige (vgl. 118),
- durch Wissen um die Cholera fiebrig erregt, von Ekel und Grauen erfüllt (vgl. 123),
- der vom Traum mit eindeutiger sexueller Symbolik Heimgesuchte (127), der nach dem Traum mit dem fremden Gott kraftlos dem Dämon Verfallene, dessen Seele „Unzucht und Raserei des Untergangs" (127) genossen hat,
- der „Berückte", der unter der Schminke Fiebernde (vgl. 131).

Schuld Aschenbachs

Das Hohngelächter auf der Hotelterrasse versucht Aschenbach abzuwehren, aber er hat keine Kräfte mehr – „das Gelächter, der heraufwehende Hospitalgeruch und die Nähe des Schönen" (116) versetzen ihn in einen nicht kontrollierbaren Zustand. Er wagt, den Geliebten anzublicken. Nach dem Blickwechsel verschweigt der zunehmend Aufgewühlte der polnischen Familie sein Wissen um die drohende Epidemie. Die Vorstellung einer Mitschuld am möglichen Cholera-Tod Tadzios berauscht ihn mitsamt der Vision eines verwahrlosten, chaotischen Venedigs – so, wie zuvor der Gedanke an eine Krankheit Tadzios in ihm neben „Fürsorge" auch ausschweifende „Genugtuung" (117) weckte. Aschenbachs Passion enthält demnach auch aggressive Elemente und Todesfantasien.

Orgiastischer Traum

Im letzten Traum, im halbbewussten Dämmerzustand erlebt Aschenbach orgiastische Ekstatik und dionysischen Tumult, und es erscheint ihm ein Phallus als Kultgegenstand. Jetzt sieht der Erzähler „die Kultur seines [Aschenbachs] Lebens" (127) vernichtet. Der Träumende ist mit den Rasenden seines Traums identisch, hat endgültig – aber nur im Traum – Konvention und Kontrolle verlassen.

Verlust der Würde des Alters

Aschenbach wird nun selbst zum falschen Jüngling, zu einem alternden Geck, wie er ihn bereits auf dem Schiff nach Venedig angetroffen hat: er lässt sich beim Friseur die Haare färben und sein Gesicht schminken.

In seiner Besessenheit, Tadzio ständig zu verfolgen, verfügt er über keinen Orientierungssinn mehr. Würdelos, „zu schmählicher Behutsamkeit" genötigt (131), bemerkt er lange Zeit nicht, dass seine Kräfte ihn verlassen.

Die weiteren Umschreibungen des Dichters markieren seinen zunehmenden Wahn und die Zwangsläufigkeit seiner Entwicklung und lassen ihn „am Narrenseile geleitet von der Passion" (132) erscheinen. Dem sich steigernden Liebeswahn entspricht der zunehmende körperliche Verfall.

Zunehmender Liebeswahn, Verfall des Körpers

Bei der Verfolgung der polnischen Familie schwitzt und zittert Aschenbach. Nachdem er sich überreife Erdbeeren gekauft hat, setzt er sich durstig am Brunnen auf einem kleinen Platz nieder, an dem er schon vor Wochen einmal gewesen ist und seine Abreise plante. Der „Meister, der würdig gewordene Künstler, der Autor des ‚Elenden'" (133) – so der Erzähler – ist nun selbst ein Elender, mit schlaffen, kosmetisch aufgepolsterten Lippen. Er kann nur noch jene Worte stammeln, die sein letzter Traum ihm eingibt.

Wieder ist die Verbindung von Geist und Schönheit und damit das Abgründige der Kunst das Thema: „nur die Schönheit ist göttlich und sichtbar zugleich, […] ist […] der Weg des Künstlers zum Geiste." (134) Doch genau dies führe den Künstler zweifach in den Abgrund: Schönheit beinhalte auch Eros, und die Leidenschaft führe zu Liederlichkeit, die Meisterschaft bleibe Lüge. Doch auch wenn die Erkenntnis, dass Schönheit erotisch sei, unterdrückt werde und Schönheit nur noch als Einfachheit, Größe und Strenge, als Form definiert werde, führt auch dies zur Begierde, zum Absturz, weil moralische Bedenken außer Acht gelassen würden. Kunst führt also notwendig in den Abgrund, so die Quintessenz. Damit hat Aschenbach seine mühsam errungene künstlerische Meisterschaft als Lüge widerrufen. Nun ist er am anderen Pol angelangt, an der Passion zum Undisziplinierten, Ausschweifenden.

Widerruf der Meisterschaft; Kunst führt in den Abgrund

Am Gegenpol zur Disziplin, der Ausschweifung, angelangt

In den Tagen danach fühlt er sich leidend. Er bemerkt, dass sich die polnische Familie mit Tadzio kurz vor der

Abreise befindet. Ein letztes Mal geht er zum Meer, und am herbstlich wirkenden Strand beobachtet er den Ringkampf zwischen Jaschu und Tadzio. Als der unterlegene Tadzio nach dem Kampf zu einer Sandbank geht, „eine höchst abgesonderte und verbindungslose Erscheinung" (138), blickt er zum Ufer zurück. Aschenbach erwidert seinen Blick; ihm ist, als ob Tadzio lächle, ihm

Unklare Todesursache

winke und „ins Verheißungsvoll-Ungeheure" (139) ‚voranschwebe' und er ihm, „wie so oft" (ebd.), folge. In diesem Moment stirbt Aschenbach, wie der Text nahelegt. Eine eindeutige Todesursache wird nicht genannt. Es werden Spuren zu einer möglichen Cholera-Infektion gelegt, die aber nicht exakt zum Tod Aschenbachs führt. So informiert der Angestellte im Reisebüro z. B. darüber, dass in seltenen Fällen der Tod durch die Seuche ein ruhiger sei. Aschenbach könnte dieser Schilderung zufolge den Ausnahmetod gestorben sein, ruhig, in sich zusammensinkend. Aber letztlich bleibt in medizinischer Sicht die Todesursache unklar. Diese Uneindeutigkeit verstärkt jedoch die innere Zwangsläufigkeit seines Endes.

Zunehmend hält sich der Erzähler mit Wertungen zurück. In knappen Hauptsätzen wird Aschenbachs Tod kurze Zeit darauf im Ton einer amtlichen Verlautbarung erwähnt. Noch am selben Tag empfing „eine respektvoll erschütterte Welt die Nachricht von seinem Tode" (ebd.).

Tadzio

Von Tadzio selbst erfährt der Leser nicht viel. Um das, was ihn in den Augen Aschenbachs so besonders macht, hervorzuheben, werden seine Schwestern als Gegenbild dargestellt. Zu einem näheren Verständnis der Figur führen folgende Fragen: Was erfahren wir an objektiven Daten über Tadzio? Wie wird er im Verhältnis zu seiner Familie dargestellt? In welchen Aspekten nehmen wir Tadzio aus der Perspektive des Erzählers bzw. aus der Sicht des ihn verehrenden Aschenbach wahr? Auch hier lassen sich diese Ebenen nicht immer exakt trennen.

Tadzio: Herkunft, Gestalt und Ausdruck

➡ Anmut und Vollkommenheit der Gestalt mit kleinen menschlichen Makeln
➡ Herkunft aus Osteuropa
➡ Changieren zwischen Statue, Mensch, Gott und Abgott
➡ Jugendlicher an der Schwelle zum Mann
➡ „Seelengeleiter" (Titel des griechischen Botengottes Hermes) Aschenbachs in den Tod

Tadzio: Mensch und Gott? Porträt aus der Sicht Aschenbachs

Wenige Fakten des äußeren Lebens von Tadzio sind bekannt. Er ist ungefähr 14 Jahre alt, kein Kind mehr, aber auch noch kein Mann. Er gehört zu einer polnischen Familie, die in demselben Hotel Urlaub macht, in dem auch Aschenbach untergebracht ist. Doch nur ein Teil seiner Familie befindet sich in Venedig: die Mutter, eine Erzieherin sowie Tadzios drei Schwestern.

Tadzio stammt aus Osteuropa

Tadzio hat längere „honigfarbene" (50) Locken, die er offen trägt, graue Augen und ist von anmutiger Gestalt. Eine blasse Gesichtsfarbe – er wird auch durch die Sonne Venedigs nicht braun – und schlechte Zähne deuten einen kränklichen Zustand an. Er ist gut erzogen, seine Kleidung zeugt vom Reichtum der Familie. Er trägt ein Matrosenkostüm, als Aschenbach ihn zum ersten Mal erblickt (vgl. 51). Blau-Weiß scheint seine bevorzugte Farbkombination zu sein, denn er trägt sowohl solch einen leichten sommerlichen Anzug, dekoriert mit einer roten Schleife aus Seide (vgl. 57), als auch am Strand einen blau-weißen Badeanzug. An einem kühleren Abend wärmt ihn eine dunkelblaue Seemannsjacke mit goldenen Knöpfen und eine dazu passende Mütze (vgl. 95), zu den Hauptmahlzeiten erscheint er in einem weißen Gürtelanzug (vgl. 110).

Anmutige Gestalt mit kleinen ‚Fehlern'

Bevorzugung maritimer Kleidung

Er spricht Polnisch; für Aschenbach sind die weichen Laute dieser für ihn unverständlichen, wie Musik klingenden Sprache besonders anrührend. Er ist zart, stolz und körperlich seinem stämmigen Freund Jaschu im Ringkampf unterlegen.

Unverständliche Sprache klingt für Aschenbach wie Musik

Bezüglich der inneren Welt von Tadzio erfährt der Leser noch weniger. Im Ganzen stellt er eine Projektionsfläche für Aschenbachs Reflexionen über Kunst, Begierde und Sehnsucht nach Wollust und Tod dar. Nur in Ansät-

Tadzio als Projektion Aschenbachs

53

Innere Gestimmt-
heit kaum
erkennbar

zen wird sein Innenleben erkennbar – doch lediglich aus der Außenperspektive. Aschenbach beobachtet, wie der Junge sein Gesicht angesichts einer russischen Familie am Strand verzieht (vgl. 60). Diese mimisch angedeutete Verachtung kann aus einem Nationalstolz des Jungen resultieren. Auch äußert er sich mit vielen Gesten; er zeigt Zutrauen zu Mutter und Erzieherin (vgl. 81), und er kann schamhaft wirken (66).

Blickkontakt

Tadzios Beziehung zu Aschenbach lässt sich kaum erschließen, da diese ‚heikle Angelegenheit' nie aus Tadzios Sicht erzählt wird. Ansatzweise erwidert Tadzio die Blicke Aschenbachs – zumindest aus der Sicht des alternden Verliebten (vgl. etwa 53, 71, 101, 110). Höhepunkt seines Kontakts zu Aschenbach ist, dass er ihn anlächelt: „liebreizend und unverhohlen, mit Lippen, die sich im Lächeln erst langsam öffneten." (96)

Kontrast zur Familie

Tadzios Lässigkeit
versus Keusch-
heit seiner
Schwestern

Tadzios lässige Haltung steht im Kontrast zu derjenigen seiner etwas älteren Schwestern. Diese wirken betont asexuell, grau und streng gekleidet, und werden mit Nonnen verglichen (vgl. 51, 95). Entsprechend ist von der „Herrichtung der drei Mädchen" die Rede, die „bis zum Entstellenden herb und keusch" (50) ist.

Die Mutter hingegen wirkt kühl, trotz äußerster Eleganz schlicht mit einem Hauch von Fantasie und Luxus, der sich in einer üppigen Perlenkette und den Ohrringen ausdrückt. Sie – so wird im Text vermutet – behandelt ihren schönen Sohn mit größerer Nachsicht als ihre Töchter. Doch die ganze Gruppe rückt für Aschenbach in die Nähe seiner bisherigen Ideale wie „Zucht, Verpflichtung und Selbstachtung" (54). Die Erzieherin steht dagegen in Kontrast zur Familie: Sie ist stämmig und wenig vornehm (vgl. 52).

Schilderung aus der Sicht Aschenbachs und des Erzählers

Das Schöne und
der Schöne

Aschenbach stellt schon bei der ersten Begegnung mit Tadzio dessen vollkommene Schönheit fest und glaubt, „weder in Natur noch bildender Kunst etwas ähnlich Geglücktes angetroffen zu haben" (50). Der schöne Knabe erinnert ihn „an griechische Bildwerke aus edelster Zeit" (ebd.), gepaart mit individuellen Zügen. Zunächst figuriert er für Aschenbach als „das Schöne" (52) schlechthin und dient als Ausgangspunkt für die Überlegungen zu Gesetzlichkeiten der Schönheit, die aus der Verbindung von Gesetzmäßigkeiten und Individuellem resultiere. Dabei begutachtet Aschenbach den Knaben zunächst wie ein Kunstexperte „mit jener fachmännisch kühlen Billigung, in welche Künstler zuweilen einem Meisterwerk gegenüber ihr Entzücken, ihre Hingerissenheit kleiden" (57).

Aschenbach vergöttert Tadzio, wie auch zahlreiche Umschreibungen belegen. So z.B. erschrickt er über die „wahrhaft gottähnliche Schönheit des Menschenkindes" (ebd.). Sein blasses Gesicht entspricht dem „Haupt des Eros, vom gelblichen Schmelze parischen Marmors [berühmter Statuenmarmor von der griechischen Insel Paros]" (ebd.). Tadzio ist für ihn „schön wie ein zarter Gott" (64). Dazu gehört auch, dass er sich in der Pubertät befindet, also kein Kind mehr ist und noch kein Mann („vormännlich und hold", ebd.; „seine Achselhöhlen waren noch glatt wie bei einer Statue", 83). Mehrere Male wird er mit Figuren aus der antiken Mythologie wie Hyakinthos und Narziss (vgl. 96) sowie mit der Statue des Dornausziehers (vgl. S. 108) verglichen.

Die neutrale, abstrahierende Bezeichnung „das Schöne" erscheint noch einmal in der Formulierung als „das Bewunderungswürdige" (65). Doch zunehmend verfällt Aschenbach seinem Liebesrausch. Jede Pose des Angebeteten wird nun beschrieben, und Tadzio erscint vermenschlicht als „der Schöne" (88, 94, 101, 131). Aus der kritischen Sicht des Erzählers wird Tadzio zum „Abgott" (98). Für Aschenbach ist er derjenige, der ihn einlädt, ihm zu folgen, „der bleiche und liebliche Psychagog" (139), wie der griechische Botengott Hermes ein Seelenführer in die Unterwelt. Damit gehört er auch zu der Reihe der Todesboten. Aschenbach ist es, als ob der im Meer stehende Tadzio ihm winke und in den unbestimmten Horizont, ins „Verheißungsvoll-Ungeheure" deute. Lakonisch heißt es am Ende des vorletzten Absatzes der Novelle: „Und, wie so oft, machte er sich auf, ihm zu folgen." (139) Aschenbach ist Tadzio in den Tod gefolgt.

Statue, Mensch, Gott, Abgott

Komposition

Literarische
Strukturen

→ Aspekte der Neuklassik, des Naturalismus, der
Dekadenzliteratur
→ Form der Novelle: Darstellung einer „unerhörten
Begebenheit" (Goethe) in strenger Form; strukturelle
Verwandtschaft zu klassischer Tragödie
→ Wechsel zwischen auktorialer und personaler
Erzählhaltung
→ Ironie des auktorialen Erzählers
→ Wortfülle der gehobenen Sprachebene, Perioden- und
Attributstil, Imitation ‚antiker' Sprache
→ Strukturierung durch Leitmotive des Todes

Literaturgeschichtliche Einordnung

Aspekte ver-
schiedener
literatur-
historischer
Strömungen

Der Tod in Venedig, im Untertitel als „Novelle" bezeichnet,
lässt sich nicht eindeutig einer einzigen literaturge-
schichtlichen Strömung zuordnen. Um neoklassische
Aspekte handelt es sich bei der strengen Form, dem an
einer klassischen Tragödie orientierten Aufbau, dem erhabenen Stil der Sprache, dem Bezug zur Antike sowie
in thematischer Hinsicht dem geadelten, würdevollen
Künstler Aschenbach, dessen Texte aufgrund ihrer Klassizität Eingang in die Lesebücher gefunden haben.

Plan eines
Meisterwerks

Nach dem Erfolg der *Buddenbrooks* ist für Thomas Mann
der Druck groß, wieder ein in Tiefe und Vielschichtigkeit vergleichbares Werk zu schaffen. Und er selbst
plant, ein Meister zu werden, Meisterwerke zu schreiben. In seinem Wagner-Essay, den er während seines
Venedig-Aufenthalts verfasst hat, notiert er: „eine neue
Klassizität, dünkt mich, muß kommen." (GKFA, Bd. 2.2,
S. 364) Er schult seinen Schreibstil an Goethes Roman
Die Wahlverwandtschaften (1809). Goethe wurde – so wie
Aschenbach – geadelt und galt als repräsentativer Dichter.

Elemente verschiedener Strömungen

Inhaltlich nahe an der Dekadenzliteratur sind all jene Aspekte des Werks, die sich mit der überreizten Künstlernatur, mit Krankheit und Tod befassen. Dazu gehören auch die Szenerie von Venedig und der Topos der Neurasthenie, der nervlichen Überreizung. Auch die Nähe der Romantik zum Morbiden kann als mögliche Traditionslinie gelten.

Neben den mythologischen Anspielungen, die sich mit dem Tod befassen, spielt die Cholera als realistische todbringende Krankheit eine wesentliche Rolle. Der Angestellte des Reisebüros referiert im nahezu naturwissenschaftlichen Duktus über die Epidemie. Darin könnte ein Einfluss naturalistischer Tendenzen zu verzeichnen sein. Der „Clerk" legt sich jedoch nicht auf eine einzige Ursache zur Erklärung des Wirkens der Cholera fest, sondern zieht verschiedene Erklärungsmodelle heran wie die Infektion durch verdorbene Lebensmittel oder das Einatmen giftiger Dünste (vgl. Rütten 2014).

Klassik, Naturalismus, Dekadenz

Novelle

Im Begriff der Novelle steckt das Wort „Neuigkeit". Literarisch gesehen ist eine Novelle eine Erzählung, meist in Prosa, die eine tatsächliche oder mögliche „Einzelbegebenheit mit einem einzigen Konflikt in gedrängter, geradliniger und in sich geschlossener Form" (*Sachwörterbuch der Literatur*, S. 526) darlegt. Goethe definiert die Novelle als „eine sich ereignete unerhörte Begebenheit" (zu Eckermann am 29. 1. 1827). Ein unerhörtes Ereignis steht also im Mittelpunkt dieser Gattung – im Falle von *Der Tod in Venedig* die überwältigende Faszination, die ein etwa vierzehnjähriger Junge auf einen alternden Künstler ausübt.

In der Neuklassik, also der zeitgenössischen literarischen Strömung, mit der sich Thomas Mann auseinandersetzte, galt die Novelle aufgrund ihres strengen Aufbaus als mustergültige Form, die sich gegen das Unübersichtliche in der Moderne richtet. Mann gelingt es, in *Der Tod in Venedig* die Auflösung eines modernen Helden in einer geschlossenen Form zu gestalten.

Ein unerhörtes Ereignis

Aufbau

Im Hinblick auf den Aufbau besitzt die Novelle eine enge Verwandtschaft zum Drama wie z. B. durch das Vorhandensein von Exposition und Peripetie. Die fünf Kapitel von *Der Tod in Venedig* werden daher oft mit den fünf Akten der klassischen, antiken Tragödie verglichen:

- Exposition: in Thomas Manns Novelle das zweite Kapitel, in dem der Protagonist und die Thematik dargestellt werden
- Steigende, den Konflikt auslösende Handlung: Auslöser zur Reiselust (erstes Kapitel), Entschluss zur Reise
- Höhepunkt mit Peripetie (drittes Kapitel): Reise nach Venedig, Begegnung mit Tadzio, Verschieben der Abreise (Vertauschung der Koffer)
- Fallende Handlung (viertes Kapitel): Entwicklung der Liebe Aschenbachs zu Tadzio, zunehmender Selbstverlust trotz Versuchs der Vergeistigung des erotischen Moments, Streben nach Klassizität
- Katastrophe (fünftes Kapitel): Ausbreitung der Cholera, Aschenbachs Tod.

Es lässt sich nicht abschließend klären, ob und inwieweit Mann die strenge Form der Novelle unter ironischen Gesichtspunkten gewählt hat. Die Wahl dieser Gattung kann mit Manns Auseinandersetzung mit der Neuklassik zusammenhängen: als Parodie auf die sowohl von Aschenbach vor der Fahrt nach Venedig propagierten Ideale der strengen Form und der Meisterschaft als auch auf die von den Vertretern der Neuklassik propagierte Art von Literatur.

Die Kapitel haben unterschiedliche Länge. Auf zwei relativ kurze Eingangskapitel folgt das ausführliche dritte, das zentrale Kapitel, an das sich das kürzere vierte Kapitel und ein doppelt so langes Schlusskapitel anschließen.

Erzählerische Strategien wie das Verhältnis von Erzählzeit und erzählter Zeit sowie Verlangsamung und Beschleunigung des Erzähltempos werden unter dem Aspekt ihrer jeweiligen Funktion unterschiedlich eingesetzt.

Zentrale Passagen sind gedehnt, andere extrem gerafft. So erscheint im ersten Kapitel die erzählte Zeit gedehnt, denn eigentlich steht hier nur eine kurze Begegnung auf dem Friedhof im Vordergrund. Der Rückblick auf Leben und Werk Aschenbachs unterbricht den Fluss der erzählten Zeit im zweiten Kapitel; im dritten Kapitel gerät die erzählte Zeit wieder in Bewegung und beschleunigt sich im vierten Kapitel.

Im letzten Kapitel wird die zunehmende Desorientierung Aschenbachs auch in zeitlicher Hinsicht übernommen. Es gibt einerseits genaue Zeitangaben wie „In der vierten Woche" (97), „Das war am Mittag. Nachmittags fuhr Aschenbach […]" (98), „am folgenden Tag, nachmittags" (118), andererseits wird der Erzählfluss – wie schon im vierten Kapitel – durch Visionen, Erinnerungen oder Träume unterbrochen. Die Bezüge zur antiken Mythologie und Philosophie steigern sich in den letzten zwei Kapiteln, verwandeln mitunter Ort und Zeit in mythische Dimensionen.

Zeitdehnung und -raffung

Der Erzähler

Thomas Manns Novelle gewinnt ihre Vielschichtigkeit vor allem durch das Strukturmoment der Erzählerperspektive, die immer wieder die erlebte Rede und personale Sicht Aschenbachs kommentiert. Dadurch gewinnt das Geschehen häufig eine ironische Note, so dass die Haltung Aschenbachs in Frage gestellt wird.

In der Rahmenhandlung der Novelle liegt eine auktoriale Erzählhaltung vor (vgl. Blödorn 2011, S. 64). Kennzeichen des allwissenden Erzählers sind etwa die Orts- und Zeitangaben zu Beginn, das „wir" und die Vorstellung Aschenbachs. Der Erzähler spielt mit seinem Wissen, so nennt er z. B. nicht die exakte Jahreszahl. Der Rahmen, den er der Novelle gibt, lässt sich auch als ironisches Gegengewicht zur Auflösung des scheiternden Künstlers Aschenbach sehen. Form und Erzähler überleben.

Rahmenhandlung aus auktorialer Perspektive

Ab dem zweiten Absatz beginnt jedoch schon die Erzählung in doppelter Optik (vgl. ebd., S. 62). Alle Leitmotive des Verfalls werden bereits hier eingeführt wie z. B. der falsche Hochsommer, der Friedhof, der erste Todesbote samt der Ungewissheit, woher er eigentlich gekommen ist (vgl. 11), Aschenbach Träumereien (vgl. ebd.) und die „Reiselust" (13).

Im letzten Absatz der Novelle kommt die eindeutige, äußere Realität durch den rein auktorialen Erzähler wieder zur Sprache.

> „Mit Aschenbachs Tod aber endet diese ‚Entstellung' der Welt ebenso abrupt, wie sie am Münchener Nordfriedhof eingesetzt hatte und verschwindet aus der dargestellten Textwelt." (Blödorn 2011, S. 71)

Zunehmende Distanzierung des Erzählers

Zunehmend distanziert sich der Erzähler vom Protagonisten. Wird Aschenbach zu Beginn der Novelle noch mit neutralen Bezeichnungen umschrieben wie „Der Wartende" oder „Der Ruhende", so entwickelt er sich in der Phase der Verliebtheit zum Liebenden (vgl. 128) und Betörten (vgl. 101), bis ihn am Ende der Erzähler als den Verwirrten und Heimgesuchten (vgl. 127) sowie doppeldeutig als den „Hinabgesunkenen" (139) bezeichnet.

Verschränkung auktorialer und personaler Erzählhaltung im Binnenteil

Der Binnenteil der Novelle besteht aus einer Kombination von auktorialer und personaler Erzählhaltung, die oft nicht trennscharf unterschieden werden können. Tadzio z. B. gilt in der Phase, in der Aschenbach überlegt, die Familie zu warnen, als „Werkzeug einer höhnischen Gottheit" (123). Nicht eindeutig ist an dieser Stelle, wer Tadzio derart bewertet.

Die Antwort auf die Frage nach der Darstellung der Wahrnehmung der äußeren Realität, nach dem, was wirklich in der Außenwelt geschieht, hängt davon ab, welche Art von Erzählsituation der Text jeweils nahelegt.

In Bezug auf die zentralen Figuren hat der Erzähler nur Einblick in das Innere Aschenbachs. Was Tadzio fühlt, wird nur am Rande erwähnt und muss aus dessen Verhalten (z. B. sein angedeutetes Unbehagen den Russen gegenüber) oder dem seiner Begleitpersonen geschlossen werden. Der Erzähler kommentiert das Geschehen und bewertet den Protagonisten, zieht ihn ins Fragwürdige. „Die Sicht des Erzählers wechselt zwischen Innen- und Außensicht" (Hamacher 2012, S. 38).

Ironie des Erzählers

Die Ironie und kritische Haltung des Erzählers sind von Beginn an zu bemerken. Er ironisiert die einseitigen Haltungen Aschenbachs – also sowohl die äußerst disziplinierte Lebensführung vor der Reise als auch die inneren Ausschweifungen und den damit verbundenen Verfall. So benennt er z.B. Aschenbachs Einsamkeit mit „Hofsitten einer Einsamkeit" (28). Er entlarvt Aschenbachs Kopplung der Begierde nach dem schönen Jungen mit dem philosophischen Erkenntnisweg als Selbstbetrug. „So war des Betörten Denkweise bestimmt, so suchte er sich zu stützen, seine Würde zu wahren." (106) Mittels allgemeiner Überlegungen und Sentenzen macht der Erzähler deutlich, dass Aschenbach auch einen anderen Weg hätte gehen können. Nachdem Aschenbach mit seinem Ansinnen, Tadzio anzusprechen, gescheitert ist, wird dies zunächst aus personaler Sicht bzw. aus auktorialer Innenschau bewertet: „Zu spät!" (89) Gleich darauf wiederholt der jetzt eindeutig auktoriale Erzähler: „Zu spät! Jedoch war es zu spät?" und geht der Überlegung nach, dass Aschenbach durch eine Anrede eventuell eine Überprüfung der Beziehung erfahren hätte. Eine resignative Reflexion des Erzählers über das Künstlertum weitet die Thematik ins Allgemeine: „Wer begreift die tiefe Instinktverschmelzung von Zucht und Zügellosigkeit, worin es beruht!" (89)

Die bis in das vierte Kapitel oft unentschiedene Erzählperspektive bedingt den „Verlust einer ordnenden Mitte durch Erzählinstanz" (Brune 2006, S. 29). In der Novelle selbst ist von „Stimmengewirr" (42) die Rede. Dieser Begriff lässt sich auch als Charakterisierung der Struktur des Textes sowohl hinsichtlich der Unbestimmtheit der Erzählperspektive als auch hinsichtlich der vielen Quellen des Textes verwenden (vgl. Brune 2006, S. 28).

„Stimmengewirr"

Im vierten Kapitel zieht der Erzähler das homoerotische Verlangen, das durch den Bezug zum klassischen Bildungswissen gerechtfertigt erscheint, eher ins Lächerliche: Aschenbach entwickelt sich durch die negative Bewertung des Erzählers „vom Visionär zum Voyeur" (Hamacher 2012, S. 38). Ergänzen ließe sich ‚vom Voyeur zum Verbrecher'. Als Aschenbach, für den „sittliche Entschlossenheit" (19) als zentraler Wert gegolten hat, Tadzio und dessen Familie die Cholera-Gefahr verschweigt und damit moralische Prinzipien missachtet, kritisiert der Erzähler: „Was galt ihm noch Kunst und Tugend gegenüber den Vorteilen des Chaos? Er schwieg und blieb." (124)

Sprache und Ironie

Da Aschenbachs Meistertum erstarrt ist, aber ein meisterlicher Stil verwendet wird, um das Geschehen in Worte zu fassen, lässt sich dieser Stil als ironisch bezeichnen:

Meisterstil als Parodie

> „Die Meisterhaltung unseres Stiles ist Lüge und Narrentum, unser Ruhm und Ehrenstand eine Posse" (134 f.).

Zu dieser Einsicht kommt der am Gegenpol der Meisterhaltung, am Abgrund angelangte Aschenbach. Thomas Mann parodiert in der Novelle insgesamt Aschenbachs ‚meisterlichen' Stil. Ironie ist daher nicht als einzelnes Stilmittel zu betrachten, sondern als eine Grundhaltung des Werks *Der Tod in Venedig*.

Der große Wortschatz, die Fülle an rhetorischen Figuren, die Freude an seltenen und erhaben wirkenden Wörtern, der komplexe Satzbau, der Tempuswechsel, die Klangwelt der Laute sowie eine teilweise antikisierende Sprache bis hin zur metrischen Satzmelodie machen die immense Dichte des Textes aus.

Wortschatz des ‚hohen Stils'

Im Bereich des Wortschatzes, der Wortfelder und der Wortspiele zeigt sich der ‚erhabene Stil' besonders deutlich, z. B. „honigfarben" (Haarfarbe Tadzios), „ein tropisches Sumpfgebiet unter dickdunstigem Himmel, feucht, üppig ungeheuer" (14), „Teegerät" (55), „verschrumpft" (55), „Südmeer" (78); ebenso in den Wortfeldern des Krieges, des Verfalls und der orgiastischen Exzesse.

Rhythmisierung und Lautung

Musik und die Unverständlichkeit der Sprache gehören zu den Leitmotiven des Textes. Aber der Text selbst wird an einigen Stellen rhythmisiert und durch die Lautung strukturiert, z. B.

> „denn von weither näherte sich Getümmel, Getöse, ein Gemisch von Lärm: Rasseln, Schmettern und dumpfes Donnern, schrilles Jauchzen dazu und ein bestimmtes Geheul im gezogenen u-Laut" (125).

Komplexität des Satzbaus

Der Satzbau entspricht an einigen prägnanten Stellen der den Text thematisch durchziehenden Gegensätzlichkeit des Apollinischen und Dionysischen (vgl. S. 70–72). Das Aschenbach charakterisierende zweite Kapitel spiegelt z. B. in der Struktur des Einleitungssatzes das „Kor-

sett" des leistungsbewussten und mit sich selbst strengen Dichters. Die ersten fünfzehn Zeilen dieses Satzes
zählen die Werke Aschenbachs auf und führen ihn
selbst nur im Sinne seiner künstlerischen Tätigkeit als
„Verfasser" auf. Dann folgt ein Doppelpunkt und danach
ein sehr kurzer Hauptsatz mit einer Apposition, die lediglich die physische Existenz („geboren", 19) und den
Namen des Dichters nennt (vgl. Lörke 2012, S. 35).

Im Gegensatz zu diesem festgefügten Satzbau stehen
die Zeilen, die Aschenbachs erste Vision des Dschungels
schildern. Hier ist der Satzbau weitaus gelöster, das Verlangen nach Befreiung zeigt sich auch in der syntakti-
schen Struktur, die immer wieder mit „er sah" (14) ein-
setzt und mittels einer Fülle von Adjektiven die
exotische Natur beschreibt.

Komplexe Satzgefüge mit asyndetischen Reihungen, Pa- **Rhetorische**
renthesen, Attributen sowie Nebensätzen in steigender **Figuren**
Anordnung wechseln sich mit kurzen Hauptsätzen ab.
Verdichtet werden diese Strukturen durch zahlreiche
rhetorische Figuren wie z.B. Alliteration, Anapher, Metapher, Antithese sowie Parallelismen, Klimax und Chiasmus.

Die zahlreichen Wiederholungen sind jedoch nicht
funktionslos: „Die Häufung hat beschwörenden Charakter, sie will die Wirklichkeit im Wort bannen." (Frizen
1997, S. 90) Auch wird die innere Bewegung des Nach-
denkens oft im Satzbau nachgebildet. Partikel wie bei
„der Verfasser endlich" (19), „Gustav Aschenbach also"
(19) haben eine zusammenfassende bzw. den Satz gliedernde Aufgabe.

Die antikisierenden und erhabenen Stilelemente (wie **Imitation ‚antiker'**
z.B. der Plural von Wasser in „Stille über den Wassern", **Sprache**
46) treten so gehäuft auf, dass sie stellenweise wie eine
Parodie auf den Bildungskanon am Anfang des 20. Jahrhunderts wirken. So wird etwa zu Beginn ein lateini-
sches Zitat, das Thomas Mann einem Brief von Gustave
Flaubert aus dem Jahr 1853 entnommen hat, nicht übersetzt (vgl. 9). Stellenweise imitiert Mann das antike Epos
bis ins Versmaß (vgl. etwa Bahr 2005, S. 47), und im vierten Kapitel wird die Vision des Elysischen evoziert:
„Dann schien es ihm wohl, als sei er entrückt ins elysische Land, an die Grenzen der Erde" (79).

Anspielungen, Zitate und Zitatfragmente zeigen den Horizont von Aschenbachs Wissen. So wird im ersten Kapitel (vgl. 56) ein Zitat aus Homers *Odyssee* eingestreut (vgl. Bahr 2005, S. 40) ohne Angabe einer Quelle oder des Autors. Die Vielzahl an Bezügen zum humanistischen Bildungskanon und zur klassischen Form unterstreicht Aschenbachs Selbsttäuschung. Denn er glaubt, sich dadurch noch im apollinischen Bereich der reinen Kunst zu befinden. In Wahrheit jedoch hat er diesen bereits verlassen (vgl. dazu S. 70–72).

Ironisch wirkt der Kontrast zwischen der hohen Stilebene und der Beobachtung einer vermeintlichen Annäherung des Geliebten.

> „Der hohe und feierliche Ton kontrastiert mit dem eher kleinlichen Kalkül, in dem Aschenbach eine Annäherung des Geliebten registrieren will. Und der Ton versagt völlig, als es zur ‚teuren Erscheinung' kommt: ‚Er war schöner, als es sich sagen läßt'" (Kämper-van den Boogaart 2001, S. 121)

Attributstil

Darüber hinaus prägen substantivierte Adjektive und Partizipien sowie Adjektivhäufungen („im leeren und strengen Dienste der Form", 24) und Adjektiv-Kombinationen den Text, wie etwa in

> „den entnervenden, sich täglich erneuernden Kampf zwischen seinem zähen und stolzen, so oft erprobten Willen und dieser wachsenden Müdigkeit" (16).

Das Partizip wird häufig als Partizip Präsens verwendet, z. B. „Freude der genießenden Welt" (17). Adjektiv-Kombinationen wie „Amtlich-Erzieherisches", „wandelte sich ins Mustergültig-Feststehende, Geschliffen-Herkömmliche" (28 f.) betonen die erstarrte Haltung Aschenbachs. Verbindungen wie der „Einsam-Stumme" (48), „der Heimgesuchte" (127) und der ‚Hinabgesunkene' (139) karikieren ihn beinahe. Auch die Aura des Geheimnisvollen wird mit solchen Verknüpfungen umschrieben wie „feurig-festlich" (92), der „heilig-schattige Ort" (85), „vorm Nebelhaft-Grenzenlosen", „ins Verheißungsvoll-Ungeheure" (139). Die Funktion dieses Attributstils liegt in der Beschreibung, das Handeln gerät aus dem Blick.

Paradoxa und Oxymora

Sprachliche Elemente unterstützen auch das Spiel mit den unterschiedlichen Wirklichkeitsebenen wie z. B.

durch die zahlreichen Unsicherheitsfloskeln („blieb un-
gewiß", 11). Paradoxa und Oxymora (Zusammenstellun-
gen zweier sich widersprechender Begriffe in einem wie
etwa „Inbegriff leidend-tätiger Tugend", „Heroismus der
Schwäche"), Klammerausdrücke (vgl. 19) und Antithetik
(„Zucht und Zügellosigkeit", 89) dienen der sicher auch
ironischen Verdeutlichung des Einklangs der Gegensät-
ze (vgl. Frizen 1997, S. 96 f.). Besonders sticht hier die
Kombination „das Göttlich-Nichtssagende" (61) hervor.
Auffällig ist ein Tempuswechsel an mehreren Stellen
(vgl. 40, 71, 73, 88 f.). Der Wechsel vom Präteritum zum
Präsens dient der Beschleunigung der Handlung, häufig
jedoch mit einem ironischen Unterton: „Man billigt sein
Vorhaben, man schreit seinen Wunsch zur Wasserfläche
hinab" (40). Und schließlich besteht eine tragische Ironie darin, dass Aschenbach als Künstler der Sprache zunehmend verstummt. „Er schwieg und blieb" (124), das
Liebesgeständnis verhallt ungehört.

Tempuswechsel

> „Muss noch erwähnt werden, dass auch dieser wortreiche
> Erzähler am Ende selbst nichts mehr zu sagen weiß und sich
> hinter der letzten ‚Nachricht' der Presse verbirgt?" (Frizen
> 1997, S. 101)

Blick, Rede und Musik

Die beiden Hauptpersonen der Novelle reden nicht miteinander. Ihre einzige Art der Kommunikation besteht
aus Blicken, und es ist auch nicht deutlich zu erkennen,
ob Tadzios Blicke nur solche aus der Sicht des betörten
Aschenbach sind, also Projektionen seines eigenen
Blicks. Der Erzähler kommentiert: „Seltsamer, heikler
ist nichts als das Verhältnis von Menschen, die sich nur
mit den Augen kennen" (93).
Auch die Todesboten beobachtet Aschenbach genau.
Schon bei der Wahrnehmung des ersten Boten geschieht
„eine seltsame Ausweitung seines Innern […]. Seine Begierde ward sehend" (13). Blicke durchziehen leitmotivisch den ganzen Text. So glaubt Aschenbach in Tadzio
das Schöne selbst, die Idee des Schönen, das Schöne als
geistige Wesenheit zu erblicken. In der Stunde seines
Todes wird Aschenbach „[d]er Schauende" genannt – er
sieht auf den Psychagogen, auf den Totenbegleiter Tad-

Leitmotiv: Blick

zio und über diesen hinaus in ein jenseitiges Reich – in einer Art platonischer Ideenschau.

Sprache meist ohne kommunikative Funktion

Sprache erscheint in der Novelle nur indirekt als funktionierendes Medium der Kommunikation. Aber es finden auch merkwürdige Selbstgespräche statt, wie etwa das unverständliche Raunen des Gondoliere. Doch mit zunehmender Entfernung vom Kai wird es ruhiger. Die „Stille der Wasserstadt schien ihre Stimmen sanft aufzunehmen, zu entkörpern" (42). Das Phänomen der Entkörperung, der Vergeistigung trat noch nicht bei der zuerst besuchten Insel auf, dessen Landvolk „in wildfremden Lauten" (31) sprach. Allein der Angestellte im englischen Reisebüro äußert in einer klaren Sprache die Wahrheit. Diese Sprache wird als ‚redlich' und ‚bequem' bezeichnet – und so mit leiser Ironie auch diffamiert.

Die Beziehung zu Tadzio ist hingegen ‚sprachlos', findet vor oder jenseits jeder Sprachregelung statt. Allein der u-Laut („süß und wild zugleich, wie kein jemals erhörter", 126) bringt Aschenbach mit Tadzio in Verbindung, dessen Namen er ja auch nicht durch eine direkte Mitteilung erfährt. Er hat ihn nur unbestimmt in der Ferne vernommen.

Tadzios Sprache als Musik

Aschenbach leidet unter dem „Stimmengewirr" (42) des Volkes. Doch das Rufen des Namens von Tadzio mit dem u-Laut am Ende ist ihm ebenso Musik wie dessen verschwommene Sprache (vgl. 57, 82). Er genießt „die Musik seiner Stimme im Ohr" (87). Der Verzicht auf die vernunftmäßige Ordnung und den Bedeutungsreichtum der Sprache weist ebenfalls wieder in den Bereich der Auflösung, in den Bereich des Dionysischen. Im Traum vom fremden Gott löst sich auch die Ordnung der Musik auf, es herrscht „Lärm" und „Geheul" (126).

Der Tod – Bilder und Leitmotive

Die Handlung der Novelle wird durch vielfältige Bezüge zur antiken Mythologie und Philosophie sowie zur Literatur und Philosophie des 19. Jahrhunderts überlagert. Auch Bezugnahmen auf Kunstdebatten um die Entstehungszeit des Werks, zum Gesamtwerk des Verfassers und zu Komponisten wie Richard Wagner und Gustav Mahler sind erkennbar.

Darüber hinaus ist der relativ kurze Text durch ein komplexes Netz von Leitmotiven, Elementen mit Verweisfunktion ähnlich wie in den Opern Wagners, strukturiert. Sie haben eine die Handlung gliedernde und teilweise auf sie vorausdeutende Funktion. Einer Figur, mehreren Figuren oder einer Situation werden wiederholt bestimmte Elemente zugeordnet. Damit entsteht über das Textganze ein Verweisungszusammenhang. Wiederholungen z.B. von Symbolen, Dingen oder Aussprüchen gehören zur Leitmotiv-Technik.

Netz von Leitmotiven

Innerhalb des Bezugsrahmens der abendländischen, von der Antike bis heute anhaltenden Debatte über Lebensführung, Kunst, Schönheit, Sexualität und Erkenntnis, der Verweise z.B. auf die antike Mythologie, auf die Philosophien Platons und Nietzsches, auf Psychologie und Psychoanalyse findet eine thematische Vertiefung der Leitmotive statt.

Vertiefung der Leitmotive durch historischen Bezugsrahmen

→ Nietzsche: Umdeutung der Antike – Abgründiges wie Gewalt und Eros als dem Maßvollen gleichwertiges Prinzip
→ Strukturierung der Novelle durch Nietzsches Antagonismus von Apollinischem und Dionysischem
→ Spiegelung der apollinischen Elemente in Form, Maß und Individualität
→ Spiegelung der dionysischen Elemente in den Todesboten und Todesbildern

Bilder und Leitmotive im abendländischen Kontext

Bereits der Titel kündigt an, dass es um einen Tod geht. Auch der Nachname des Protagonisten enthält eine An-

Name des Protagonisten

„Tod" als letztes Wort

spielung auf Asche, also auf das, was nach der Auflösung im Tod übrig bleibt. Zu Beginn befindet sich Aschenbach auf einem Friedhof. Dort begegnet ihm der erste Todesbote, der mit weiteren, den Tod signalisierenden Figuren strukturelle Ähnlichkeit aufweist. Folgerichtig lauten auch die letzten Worte des gesamten Textes: „die Nachricht von seinem Tode" (139). Sowohl individuelle als auch traditionelle mythologische, allegorische und symbolische Todesmotive und Todesboten gehören zu den markantesten Strategien der Strukturierung des

Spiel mit Motiven

Textes: „Ein Beziehungsgeflecht wird hier entfaltet, das die Frage nach einer möglichen Sinngebung des Todes gerade offenlässt" (Blamberger 2014, S. 40).

Nietzsches Deutung des Mythos

Auseinandersetzung mit Nietzsche

Die Darstellung der Todesboten ist oft in einen antiken Mythos eingebettet oder enthält Aspekte, die sich auf einen Mythos beziehen. Sie kann auch Elemente beinhalten, die der Deutung des antiken Mythos durch den deutschen Philosophen Friedrich Nietzsche (1844–1900) entspringen. Thomas Mann hat sich intensiv mit dem Werk Nietzsches befasst. Die antike Mythologie gehörte Anfang des 20. Jahrhunderts zum allgemeinen Bildungsgut. Zur Einführung in das Gebiet lag Thomas Mann unter anderem das Werk des Altphilologen Erwin Rohde vor, der mit Nietzsche befreundet war. Daraus lässt sich schließen, dass Thomas Mann die Antike zumindest teilweise aus der Perspektive Nietzsches sah. Die kunsttheoretischen Reflexionen und die Art des Bezugs zur Antike in *Der Tod in Venedig* sind also im Wesentlichen Nietzsche zu verdanken.

Nietzsches Neudeutung der Antike

Nietzsches Werk ist bis heute berühmt und je – nach Deutung – berüchtigt. Er gehört zu den sprachmächtigsten Philosophen des 19. Jahrhunderts. Inspiriert vom Grundsatz des Darwinismus, dass der Stärkere der Lebensfähigere sei, steht im Mittelpunkt seines Hauptwerks eine Absage an alle Religionen des Mitleids, also auch an das Christentum. Als studierter Altphilologe hat

Nietzsche in jungen Jahren mit der Schrift *Die Geburt der Tragödie aus dem Geist der Musik* (1871) Furore gemacht. In der Zeit der Niederschrift dieser Abhandlung über Kernelemente der antiken griechischen Kultur erlangt er mit 25 Jahren eine Professur an der Universität Basel. Sein Einfluss auf die Philosophie bis heute ist immens. Nihilismus und Vitalismus sind Termini, mit denen sein Denken immer wieder charakterisiert wird. Die Dekadenz, eine dandyhafte Strömung zu Ende des 19. Jahrhunderts, ist Nietzsche verhasst.

Die Geburt der Tragödie aus dem Geist der Musik

Der junge Thomas Mann studierte das philosophische Werk sowohl Arthur Schopenhauers (1788–1860) als auch Friedrich Nietzsches, mit dem er sich lebenslang auseinandersetzte, wie u. a. eine Rede zur Feier des 80. Geburtstag von Nietzsche im Jahre 1924 und die späte Abhandlung *Nietzsches Philosophie im Lichte unserer Erfahrung* (1947) belegen.

Bild der Antike vor Nietzsche

Vor Nietzsches Deutung der Antike herrschte ein anderes Bild dieser Epoche. Seit der Renaissance (15./16.Jahrhundert) rückte die griechische und römische Antike (von etwa 800 v. Chr. bis zum 7. Jahrhundert n. Chr.) in den Mittelpunkt von Kunst, Philosophie und Literatur. Die ‚Wiedergeburt' (so die wörtliche Übersetzung der Epochenbezeichnung) insbesondere der kulturellen Traditionen der klassischen Hochblüte altgriechischer Kultur (etwa 600–400 v. Chr.) inspirierte auch die deutsche Klassik (gegen Ende des 18. Jahrhunderts). In dieser Epoche bezogen sich Goethe und Schiller immer wieder auf antike Stoffe und dichtungstheoretische Auseinandersetzungen, die schon in der Aufklärung aktuell waren. So hat z.B. Lessing sich in seiner Tragödientheorie von derjenigen des Philosophen Aristoteles (384–322 v. Chr.) abgegrenzt.

Vorstellung einer harmonischen, edlen Antike

Zeitgleich entwickelte der Altertumsforscher Johann Joachim Winckelmann (1717–1768) neue kunsthistorische Methoden, fuhr nach Italien, um dort Ausgrabungen anzuregen. Schönheit ist für ihn „edle Einfalt und stille Größe". Dieses zum Schlagwort gewordene Motto mitsamt dem Satz „Der einzige Weg für uns, groß, ja, wenn es möglich ist, unnachahmlich zu werden, ist die

Winckelmanns Diktum

Nachahmung der Alten" prägte lange die Vorstellung von der antiken Kultur.

Winckelmann stellte sich die Kunst der griechischen Antike als harmonisch vor. Gebäude und Skulpturen seien rein weiß gewesen. Er idealisierte die griechische Kultur, sprach von deren Schönheit, die zu einer Intensivierung des Lebens geführt habe. So interpretierte er die Laokoon-Gruppe, eine antike Skulptur, die einen Todeskampf darstellt, in der der Sterbende nicht schreit, dahingehend, dass die alten Griechen alles Hässliche und Schmerzhafte aus ihrer Kunst verbannt hätten.

Nietzsche: Apoll und Dionysos

Nietzsches Entwurf der Antike

Genau an diesem Punkt setzt der junge Nietzsche an und zertrümmert das allzu idyllische Bild von der Antike. Er rückt die beiden altgriechischen Gottheiten Apoll und Dionysos in den Blickpunkt und konstruiert auf der Basis von deren Gegensätzlichkeit ein neues Bild.

Apoll, Gott des Maßes und des Lichts

Apoll gehört zu den zwölf zentralen olympischen Göttern. Er ist zuständig für die Künste, besonders für Musik, Gesang und Dichtkunst, für sittliche Mäßigung und für Heilung. Er gilt auch als Gott des Lichts und der Weissagung, und es wird ihm zugeschrieben, dass er imstande ist, seinen Feinden die Pest zu schicken.

Dionysos, der fremde Gott der Ekstase

Dionysos oder (römisch) Bacchus ist der Gott des Rausches, des Weines, der Fruchtbarkeit und des Wahnsinns, aber auch der Maske und damit des Theaters. Häufig wird er mit Wein- oder Efeuranken bekränzt dargestellt, gekleidet in ein Tiger- oder Pantherfell. Er soll ursprünglich aus Kleinasien gekommen sein, daher wird er auch „der fremde Gott" genannt. Ihn begleiten häufig stupsnasige Satyrn und Silenen, dämonische Mischwesen zwischen Tier und Mensch. Sie werden häufig nackt und lüstern dargestellt. Manchmal haben die Satyrn bocksähnliche Merkmale. Typisch für Dionysos und den ihm in den Festzügen folgenden Satyrn und Mänaden ist der Thyrsosstab, ein mit Weinlaub oder Efeu umwundener Stab.

Mänaden und Panther als Gefolge des Dionysos

Zum weiblichen Gefolge des Dionysos zählen die Mänaden, wörtlich „die Rasenden". Und das waren sie dem Mythos zufolge auch. Panther waren ihre Begleiter; sie verehrten Dionysos mit Ausschweifungen und lauten, heulenden Gesängen. An den Kultfesten des Gottes tanzten sie sich in Trance, zerrissen dabei wilde Tiere mit bloßen Händen und – je nach Überlieferung – auch den Sänger Orpheus, mitunter weitere Männer. Auch sie streiften mit dem Thyrsosstab durch die Wälder.

Nietzsche betont, dass beide Gottheiten Apoll und Dionysos in Griechenland verehrt wurden. Das ließ in ihm die Idee entstehen, dass es in der Antike nicht nur Harmonisches, nicht nur edle Seelen gab. Gerade durch die Existenz des Gegensatzes zwischen dem Abgründigen, Ekstatischen, dem dionysischen Prinzip, und dem Maßvollen, dem Klaren, dem apollinischen Prinzip, sei in der Antike auch das Bodenlose, das Furchteinflößende, das Gewaltige und Gewaltsame anerkannt worden, das spätere Kulturen wie das Christentum geleugnet hätten. In der Natur wirken – so Nietzsche – beide Prinzipien zusammen. Der Künstler ahme die Natur nach, muss sich also mit dem „Doppeltrieb der Natur" auseinandersetzen. In der griechischen Tragödie gelinge dies besonders.

Leugnung des Dionysischen in späteren Kulturen

Worin zeigt sich nun nach Nietzsche die Gegensätzlichkeit der beiden Prinzipien, die beide nicht in der „Tageswirklichkeit", sondern nur in Natur und Kunst zu finden seien? Zum Prinzip des Dionysischen zählen: der Rausch, die Ekstase, entsprechend der Wein als Grundlage. Im Rausch verschwindet das Subjektive, die Grenzen des Individuums lösen sich auf, und so entsteht ein Genuss im Verschmelzen mit der Masse. Das Individuum sieht sich als eine Art Gott, als verzaubert, als „Mitglied einer höheren Gemeinschaft" (Nietzsche 1988, S. 30). Im Rausch, im Tanzen kann „etwas nie Empfundenes" (ebd., S. 33) zum Ausdruck drängen. In der Selbstvergessenheit kann die allem zugrundeliegende Wahrheit mittels Intuition in ihrer Widersprüchlichkeit entdeckt werden. Das, was der einzelne Mensch bislang an Natürlichem unterjocht hat, vermag in der Ekstase frei zu werden. Ein Verschmelzen mit dem Ur-Einen, dem Urgrund allen Daseins, kann dabei gelingen, in Verbindung mit der Erfahrung eines Ur-Schmerzes, bedingt durch die Einsicht in das Widersprüchliche des Daseins. Dem entspricht die Erfahrung, dass Schmerzen Lust bereiten können. Nach dem Rausch tritt ein Ekel über die alltägliche Welt ein.

Prinzip des Dionysischen: Auflösung der individuellen Begrenzung

Schmerz durch Einsicht in das Widersprüchliche des Daseins

Als Kunstform entspricht dem Dionysischen das Ungegenständliche, also die Musik. Ihr verwandt sei die Lyrik. Auch das Meer entspricht in seiner Formlosigkeit diesem Prinzip.

Prinzip des Apollinischen: Form, Gestaltung, Individualität

Das Prinzip des Apollinischen ist gekennzeichnet durch den schönen Schein, in dem der apollinisch gestimmte Mensch das Leben deutet. Als Künstler muss er sich eine Illusion schaffen, um den dionysischen Untergrund des Daseins, das Ewig-Leidende und das Widerspruchsvolle, ertragen zu können. Dazu gehören die Einhaltung der Grenzen des Individuums, das Maßvolle, die Form. Nur so ist ein Ruhen in sich selbst, in der jeweils einzelnen Individualität möglich. Die Einsicht in die Sinnlosigkeit der Welt erfordert die Schaffung einer heilenden und idealen Welt im Traum bzw. im Kunstwerk. Die Kunst, die

Tragödie als höchste Kunstform durch Versöhnung beider Prinzipien

dem Apollinischen entspricht, ist die gegenständliche Skulptur, die Plastik. Das Epos ist der Skulptur verwandt. In der antiken Tragödie seien – so Nietzsche – die Prinzipien des Apollinischen und Dionysischen miteinander vereint. Daher sieht Nietzsche sie als die höchste Kunstform an.

Beide Prinzipien mit ihrer Gegensätzlichkeit spielen eine zentrale Rolle in Thomas Manns Novelle und liefern eine wesentliche Facette zur Deutung des Untergangs und der Auflösung des Protagonisten.

Todesboten

Bei den in der Rezeption der Novelle von Thomas Mann immer wieder genannten Todesboten handelt es sich um diejenigen Figuren, die Aschenbach in neue Etappen geleiten, die strukturelle Ähnlichkeiten miteinander aufweisen und damit leitmotivisch verknüpft sind. Zu ihnen zählen der Wanderer auf dem Münchner Nordfriedhof, der ziegenbärtige Kartenverkäufer, der geschminkte Alte, der Gondoliere, der Gitarrist und zuletzt auch Tadzio. All diese Figuren sind durch mythologische Verweise charakterisiert. Dionysische Elemente gehören dazu, aber auch Anspielungen auf den antiken Gott Hermes.

Hermes

Hermes gilt als Gott der Wege, der Reisenden, aber auch

der Diebe. Den jungen Dionysos hat er beschützt. Er fungiert als Götterbote, dargestellt mit Flügeln an den Schuhen, einem Reisehut und einem Stab. Darüber hinaus ist er der Psychopompos, der „Seelengeleiter" vom Leben in den Tod. Er holt die Schatten der Toten ab und geleitet sie in die Unterwelt, in das Reich des Hades.

Der Wanderer

Die Begegnung mit dieser Figur setzt das weitere Geschehen in Gang. Gekleidet ist sie wie ein Wanderer: Rucksack, ein Lodenanzug, Sporthemd, Basthut, Stock – zum Teil Attribute, die an Hermes als Gott der Reisenden erinnern. Dazu wird der Wanderer als stupsnasig beschrieben, ein Attribut, das zu den Satyrn, dem Gefolge des Dionysos, gehört. Analog zu Dionysos scheint der Wanderer von weither zu kommen, er ist ein Fremder, ein rothaariger Typ, kein Einheimischer. Aschenbach imaginiert nach der Begegnung mit ihm eine üppige tropische Landschaft, „eine Art Urweltwildnis" (14) mit einem Tiger. Er „fühlte sein Herz pochen vor Entsetzen und rätselhaftem Verlangen" (ebd.). Tiger und Wildnis weisen auf Dionysos hin. Im letzten Kapitel der Novelle wird als Herkunftsort der todbringenden Cholera Indien genannt: Inbegriff urweltlicher Wildnis. Fast wörtlich nimmt die betreffende Passage die Beschreibung des ersten Kapitels wieder auf (vgl. 119).

Der Wanderer verweist in mehrfacher Hinsicht auf den Tod. Er befindet sich auf einem Friedhof, hat Zähne wie ein Skelett. Als analoge Gestalt zu Hermes leitet er Aschenbach hier schon zu der Reise in den Tod; als Verkörperung des dionysischen Elements weckt er die Sehnsucht nach dem Üppig-Gefährlichen, nach dem „Tiger". Die gekreuzten Füße sind ein Attribut der Todesallegorie als Bruder des Schlafes (vgl. S 77).

Attribute von Dionysos, Hermes und dem christlichen Knochenmann

Der Fahrkartenverkäufer

Abgesehen davon, dass das Schiff, das Aschenbach nach Venedig bringt, bereits auf den Tod verweist („rußig und düster", 32) und dass ein zwielichtiger Matrose den alternden Künstler nicht standesgemäß empfängt, ist der Kartenverkäufer eine fragwürdige Gestalt, „ein ziegen-

Ziegenbock als dionysisches Attribut

bärtiger Mann von der Physiognomie eines altmodischen Zirkusdirektors" (ebd.). Fast zu beflissen bedient er Aschenbach, lobt schmierig das Reiseziel Venedig. Sein Verhalten hat etwas „Betäubendes" (33). Schon hier verdeutlicht sich, dass etwas Lähmendes beginnt, etwas, das den Verstand betäuben wird.

Der geschminkte Alte

Vorausdeutung auf Aschenbach

Der Greis, grotesk auf jung geschminkt, befindet sich inmitten einer Gruppe Jugendlicher auf dem Schiff. Er nimmt das Schicksal Aschenbachs hinsichtlich des Versuchs, jung zu erscheinen und damit Anschluss an die Jugend bzw. erotische Anerkennung zu finden, vorweg. Allzu jugendliche Kleidung einschließlich roter Krawatte, Perücke, Gebiss und gefärbtem Bart unterstreichen die Falschheit des scheinbaren Jünglings.

Verlust des Maßes

Der auf dem Deck ruhende Aschenbach sieht die sonderbaren Gestalten des Kartenverkäufers und des alten Gecks in seinen Tagträumen, denn – so der Erzähler – „im leeren, im ungegliederten Raum fehlt unserem Sinn auch das Maß der Zeit, und wir dämmern im Ungemessenen" (36). Damit gehören diese beiden Typen auch zum Personal des dionysischen Bereichs.

Kombination von Erotik, Würdelosigkeit und Tod

Karikiert wird der aufgeputzte Alte bei der Ankunft des Schiffes. Er ist angetrunken, hat den Wein nicht vertragen, er wankt, er lallt, er verhält sich anzüglich. Er hat keine Kontrolle mehr über sich, besitzt keine klare Sprache mehr; jedes Maß ist ihm verloren gegangen. Auf widerliche Weise wendet er sich Aschenbach bei der Ankunft in der majestätischen Stadt Venedig zu und stammelt: „unsere Komplimente dem Liebchen, dem allerliebsten, dem schönsten Liebchen" (41). Währenddessen fällt ihm das Gebiss auf die Lippe. Wie bei Gevatter Tod wird es überdeutlich sichtbar. Erotik fügt sich so in einen fragwürdigen, würdelosen, ichauflösenden Kontext.

Der Gondoliere

Mythologische Anspielungen

Die Überfahrt zum Lido hat eine mythologische Dimension: Sie verweist auf die Überquerung des Unterweltflusses Styx, die die Verstorbenen unternehmen mussten, um in das Reich des Hades zu gelangen, begleitet von Hermes, dem Psychopompos oder Psychagogen (Seelenführer; vgl. die Bezeichnung Tadzios als „Psychagog", 139). Auch für diese Überfahrt war im Mythos zu zahlen: Der Fährmann Charon erhielt einen Obolus, einen kleinen Geldbetrag, den man den Toten unter die Zunge gelegt hatte. In der Antike wurde Charon als finsterer, grämlicher Greis dargestellt. Der Gondoliere weiß mit herrischer Bestimmtheit und ohne eine genaue Summe zu nennen: „Sie werden bezahlen." (45)

Sein Gefährt, die schwarz lackierte Gondel, deren Sitze schwarz gepolstert sind, ist ein Todessymbol: „Das seltsame Fahrzeug […] erinnert […] an den Tod selbst, an Bahre und düsteres Begängnis und letzte, schweigsame Fahrt." (41) Aschenbach möchte auf der Fahrt zum Lido all seine Selbstkontrolle verlieren, niedergelassen auf einem Sitz, der „der weichste, üppigste, der erschlaffendste […] von der Welt ist" (ebd.).

Der Gondoliere ist zwar schmächtig von Gestalt, aber er bestimmt energisch über Aschenbach bezüglich der eingeschlagenen Route zum Lido. Er fährt ihn zunächst gegen seinen Willen auf das offene Meer, in das Gestaltlose. Sein hässliches Gesicht hat einen brutalen Ausdruck. Die Nase erinnert wieder an die Stupsnase der Satyrn, der dämonischen Wesen im Gefolge des Dionysos. Und ein Hut, Attribut des Hermes, fehlt auch hier nicht. Ebenso erscheint wiederum das Motiv der entblößten Zähne, der rötlichen Brauen sowie des Fremden („durchaus nicht italienischen Schlages", 43) – ähnlich wird auch der Wanderer im Münchner Nordfriedhof geschildert. Aschenbach wehrt sich kaum gegen den Gondoliere, er genießt das weiche Ruhen im sargähnlichen Gefährt und wünscht sich, dass diese Fahrt ewig dauern möge – Ausdruck seiner Todessehnsucht.

Während der Fahrt spricht der Gondoliere häufig mit sich selbst (ein „Reden", ein „Raunen", ein „Flüstern", 42, 44, 46). Dies unterstreicht Aschenbachs Unvermögen, die Situation richtig einordnen zu können. Er denkt daran, möglicherweise das Opfer eines Verbrechers zu sein. Diese Vorstellung schreckt ihn nicht; „träumerisch" (45) spielt er damit. Dass Aschenbach eine Fahrt in den Tod in Kauf nimmt, zeigt sich in dessen innerem Mono-

Analogien zu Satyrn und Hermes

Aschenbachs Akzeptanz des Todes

log: „Das ist wahr, du fährst mich gut. Selbst, wenn du es
auf meine Barschaft abgesehen hast und mich hinter-
rücks mit einem Ruderschlage ins Haus des Aides [Ha-
des] schickst, wirst du mich gut gefahren haben." (Ebd.)
Die zeitweise die Gondel begleitende Musiktruppe erscheint ähnlich zwielichtig wie der Gondoliere selbst.

Als Aschenbach am Lido ankommt und Geld zur Bezah-
lung des Gondoliere wechseln möchte, gehen städtische
Beamte am Ufer auf und ab. Schnell verschwindet der
Gondelführer. Aschenbach erhält die Erklärung, dass er
mit einem Mann ohne Gondel-Lizenz gefahren sei. Er
hat sich also zeitweise willenlos, seine Ich-Stärke aufge-
bend und dies genießend, einem Kriminellen anver-
traut. An dieser Stelle betrachtet Aschenbach das Dionysische, das mit moralischen Kategorien nicht Vereinbare
als kriminell.

Genuss des Amoralischen

Der „Guitarrist"

Verweise auf den Wanderer, den ersten Todesboten

Der Gitarrist der Musikergruppe im Hotel ist rothaarig,
trägt einen Hut, scheint von auswärts zu kommen („Er
schien nicht venezianischen Schlages", 111 f.). Auch
dass er ein Sporthemd trägt, stumpfnasig ist, seine Zähne entblößt sowie einen hervorstehenden Adamsapfel
und rötliche Augenbrauen besitzt, erinnert an den ersten Todesboten, an den Wanderer auf dem Nordfriedhof.
Der Gitarrist ist frech, herrisch, aber auch unterhaltsam
und brutal. Er singt auf schlüpfrige Art und Weise, zeigt
ein schmieriges Verhalten und riecht nach Karbol (einem damals häufig verwendeten Desinfektionsmittel).
Er nennt Aschenbach nicht den wahren Grund für diesen Geruch und deklariert die Desinfektion nur als eine
Vorsichtsmaßnahme aufgrund des schwülen Scirocco.

Lüge hinsichtlich der Cholera

Das letzte Lied der Gruppe, das für Aschenbach ganz
fremd und unverständlich klingt, enthält einen Lach-
Refrain, der zunehmend wie ein Hohngelächter auf die
Hotelgäste wirkt. Diese jedoch nehmen das Lachen auf.
Inmitten der Szenerie blickt Aschenbach zum schönen
Tadzio und wird mit einem Gegenblick belohnt. Aschen-
bach registriert eine mögliche Kränklichkeit des Kna-
ben und vermutet einen daraus folgenden frühen Tod,
„und reine Fürsorge zugleich mit einer ausschweifenden
Genugtuung erfüllte sein Herz" (117).

Hohngelächter; Blickwechsel mit Tadzio

Als die Musikergruppe die Hotelterrasse verlässt, steigert der Gitarrist noch einmal seine Verhöhnung des Publikums und streckt die Zunge heraus. Dionysisches blitzt auf, der Gitarrist lässt seinem Empfinden freien Lauf.

Obszönes Verhalten

Zum Verweisungszusammenhang des Textes auf die Antike gehört auch die Funktion der Musikanten, die an den Chor in der antiken Tragödie erinnert. Dieser hatte die Aufgabe, das Geschehen zu kommentieren, und zählte zum Bereich des Dionysischen.

Analogien zum Chor in der antiken Tragödie

Zwei weitere Chöre dieser Art gibt es in der Novelle: die jungen Männer aus Pola, die auf dem Schiff nach Venedig „Lebehochs" (38) auf die am Ufer exerzierenden Bersaglieri, Infanteristen des italienischen Heeres, ausbringen, und eine ebenfalls zwielichtige Musikantentruppe, die die Gondelfahrt Aschenbachs zum Lido begleitet und „die Stille über den Wassern mit ihrer gewinnsüchtigen Fremdenpoesie" (46) vertreibt.

Tadzio

Tadzio steigert zwar Aschenbachs Lebensgefühl, aber gleichzeitig ist er derjenige, der ihn dazu motiviert, trotz der Infektionsgefahr in der Stadt zu verharren, ihm durch die Gassen des schwülen Venedig zu folgen und, erschöpft und durstig, bedenkenlos überreife Erdbeeren zu essen.

Auch die Beschreibung Tadzios weist Elemente auf, die auf den Tod hindeuten, wie dessen schlechte Zähne und blasse Haut sowie seine Fußhaltung (vgl. 110). Durch die Bekanntheit von Lessings Schrift *Wie die Alten den Tod gebildet* (1769) waren die gekreuzten Füße für den gebildeten Leser um 1900 ein klares Signal für „Tod". Auch der erste Todesbote, der Wanderer auf dem Friedhof, ist mit gekreuzten Füßen dargestellt (vgl. 12).

Attribute des Todes

Tadzios letzte Funktion für Aschenbach besteht darin, ihn in den Tod zu führen. Die Aufgabe der Totenbegleitung wird direkt im Text durch den mythologischen Verweis angesprochen:

Tadzio als Geleiter in den Tod

> „Ihm war aber, als ob der bleiche und liebliche Psychagog dort draußen ihm lächle, ihm winke; als ob er, die Hand aus der Hüfte lösend, hinausdeute, voranschwebe ins Verheißungsvoll-Ungeheure." (139)

Narziss

Zuvor erscheint Aschenbach das Lächeln des Tadzio als Lächeln des Narziss. Dieser war der antiken Sage nach ein schöner Jüngling, der die sehnsüchtige Liebe einer Nymphe abgewiesen hatte. Zur Strafe musste er sich in sein eigenes Spiegelbild verlieben, das er in einer Quelle erblickte. So blieb auch sein Verlangen qualvoll und unbefriedigt, bis er in eine Blume verwandelt wurde. Tadzio bezieht sich in der Wahrnehmung Aschenbachs auf sich selbst, er sucht nicht die innere Nähe zu Aschenbach, sondern eine Art Bestätigung durch die Blicke des älteren Herrn. Da auch Aschenbach keine reale Beziehung zu dem Knaben sucht, sondern in seiner Projektion gefangen bleibt, hat seine Liebe eine narzisstische Komponente.

Bilder des Todes

Klima, Stadt, Seuche, Aschenbachs homoerotisches Begehren und das Verlangen nach Schönheit sind motivisch miteinander eng verbunden und beinhalten Aspekte des Todes. Neben diesen Elementen, die leitmotivisch die Novelle durchziehen, gibt es weitere, die nur vereinzelt auftreten und dennoch Aschenbachs Reise zum Tod kompositorisch verdichten.

Klima

Der häufige Wetterparallelismus unterstreicht das aus Aschenbachs Sicht Zwielichtige seines inneren Abenteuers. Das Schwüle, Bleierne, Niederdrückende dieses venezianischen Sommers korrespondiert mit dem Geheimnis der Stadt, ist mit der Cholera und dem Tod verknüpft.

Untypische
Wetterlage

Aschenbach trifft nicht mehr auf das klare, apollinische Venedig, das er aus früheren Aufenthalten kannte. Aber bereits am Ausgangsort, in München, ist ein „falscher Hochsommer" (10) eingefallen, es ist feucht und gewittrig. Die Vision, die sich beim Anblick des Wanderers im Nordfriedhof entwickelt, bezieht sich auf ein tropisches Sumpfgebiet mit dunstigem Himmel. Die Witterung, die den Tod des alternden Künstlers begleitet, ist die der „Herbstlichkeit" (136), obwohl gerade der Sommer begonnen haben muss.

Der feuchten, dumpfen Witterung entgeht Aschenbach nicht mehr. Auch in Pola herrscht „schwere Luft" (31). Die Fahrt nach Venedig verläuft unter grauem Himmel, die Ankunft in der Stadt der Sehnsucht ist von Nebel und vom fauligen Geruch der Lagune bestimmt. Während der ersten Zeit seines Aufenthaltes zeigt sich die Sonne nicht. Der dumpfen Atmosphäre, verstärkt durch den Scirocco, will sich Aschenbach durch eine frühe Abreise entziehen. Doch wegen Tadzio bleibt er in der Stadt. Die „widerliche Schwüle" (67) lässt ihn fiebern. Zu den Manövern seiner Selbsttäuschung gehört, bei kurzzeitiger Abkühlung (vgl. 69, 76) wieder Hoffnung auf Stabilisierung zu schöpfen, die dann eine umso heißere Sonne (vgl. 77, 82, 103) zunichtemacht. Zu Beginn des vierten Kapitels erfolgt in antikisierend-mythologisierender Sprache die Schilderung der eintretenden Hitzewelle (vgl. 77).

Wetterparallelismus

Nachdem Aschenbach sich kosmetisch verjüngt und der Friseur ihm wohl mit leiser Ironie zu verstehen gegeben hat, dass er sich nun „unbedenklich verlieben" (131) könne, verstärkt sich der Eindruck des todbringenden Wetters: „lauwarmer Sturmwind war aufgekommen; es regnete selten und spärlich, aber die Luft war feucht, dick und von Fäulnisdünsten erfüllt." (Ebd.) Das Dunstige, Unklare, Drückende des Wetters entspricht dem zunehmenden Verlust an Kontrolle und deutet auf die tropischen Gebiete in Aschenbachs Visionen hin. Sumpf, Wildnis und Schwüle weisen auch hier in den dionysischen Bereich.

Entsprechung zwischen Dunst und Desorientierung

Venedig

Venedig, „die unwahrscheinlichste der Städte" (40), die gesunkene „Königin" (68) und der Ort für Aschenbachs „Bestimmung" (31), ist die ideale Szenerie für die zentrale Thematik der Novelle. Der uneindeutige Charakter der Lagunenstadt – nicht auf dem Festland gelegen, auf Sumpf gebaut, eine Schnittstelle zwischen Orient und Okzident mit märchenhaften Palästen – ist selbst schon Symbol für all das Abweichende, das Aschenbach sucht:

„Das märchenhaft Abweichende"

> „Wenn man über Nacht das Unvergleichliche, das märchenhaft Abweichende zu erreichen wünschte, wohin ging man?" (32)

Kontrast zum
Norden und zur
Disziplin

Venedig, die südliche Stadt, dient als Kontrast zum einsamen Landsitz Aschenbachs in den kalten Bergen des
Nordens. Bunte Lichter, süßliche Klänge, tropische Düf-
te entführen ihn „ins elysische Land, an die Grenzen der
Erde, wo leichtestes Leben den Menschen beschert ist"
(79). Er imaginiert weiter den absoluten Müßiggang und
die Mühelosigkeit, alle Tage seien „nur der Sonne und
ihren Festen geweiht" (80).

Zwielichtige,
morbide Stadt

Erstmalig nähert Aschenbach sich mit dem Schiff der
Stadt im Nebel. Diese Art der Ankunft in Venedig über
das Wasser, das Element des Flüssigen, Halt- und Boden-
losen, scheint ihm der einzig richtige Weg zu sein. Er
erinnert sich an das Venedig-Gedicht August Graf von
Platens, der die Stadt ehrfürchtig gepriesen hat (vgl.
S. 135). Das Mythisch-Märchenhafte überwältigt Aschenbach bei der Ankunft: herrliche Paläste sowie die „blen-
dende Komposition phantastischen Bauwerks" (39), gemeint ist wohl der Markusdom, der später dem
fiebernden Aschenbach in der „Pracht des morgenländi-
schen Tempels" (101) erscheint. Sowohl das orientali-
sche Element der Stadt rückt zunehmend in den Blick
(„arabische Fenster", duftende Blütendolden) als auch
das Zwielichtige, wie etwa die Gondoliere, die sich vielleicht miteinander verschwören (vgl. 103):

> „Das war Venedig, die schmeichlerische und verdächtige
> Schöne, – diese Stadt, halb Märchen, halb Fremdenfalle, in
> deren fauliger Luft die Kunst einst schwelgerisch aufwucher-
> te und welche den Musikern Klänge eingab, die wiegen und
> buhlerisch einlullen." (104)

Die Laxheit der Behörden hinsichtlich der Aufklärung
über die Gefahr der Cholera befriedigt Aschenbach, er
sieht die Stadt in diesem Stadium als Spiegel seines eigenen Geheimnisses, der Liebe zu Tadzio. „Venedig" als
Außenwelt figuriert so auch als Ebenbild der Innenwelt
Aschenbachs. Die Morbidität der Stadt wird durch die
Cholera-Epidemie erhöht, die 1911 tatsächlich in Venedig wütete.

August Graf von
Platen

Thomas Mann übernimmt Elemente eines Venedig-Bil-
des des 19. Jahrhunderts. Er spielt auf den Dichter August Graf von Platen (1796–1835) an, der in seinen *Sonet-*

ten aus Venedig die Stadt gepriesen und im Gegensatz zu Aschenbach kein dunstiges, trübes Venedig vorgefunden hat:

> „Er gedachte des schwermütig-enthusiastischen Dichters, dem vormals die Kuppeln und Glockentürme seines Traumes aus diesen Fluten gestiegen waren, er wiederholte im stillen einiges von dem, was damals an Ehrfurcht, Glück und Trauer zu maßvollem Gesange geworden" (37).

Die Dichter der Dekadenzliteratur – wie zuvor die Künstler der Romantik – haben eine Vorliebe für das Morbide und Verfallene, da passt Venedig gut ins Bild. Der Komponist Richard Wagner ist 1883 in Venedig gestorben. Auch der Philosoph Friedrich Nietzsche, dessen Begriffspaar des Apollonischen und des Dionysischen konstitutiv für die Novelle ist, besuchte Venedig einige Male.

Venedig als Topos der Romantik und Dekadenz

Einst hatte die Stadt bzw. die Adelsrepublik den Beinamen „Serenissima" („die Erlauchteste"), denn sie hatte über ein Jahrtausend hinweg die See- und Wirtschaftsmacht über das Mittelmeer einschließlich der Herrschaft über Kolonien wie z. B. Kreta, Zypern, die Krim und Nordafrika. Mit dem Ende der Republik 1797 wurde Venedig zunächst österreichisch, dann italienisch. Danach verlor die Stadtrepublik ihre Machtstellung und ihren Reichtum, die Paläste verfielen.

Verfall der Stadt

Die ‚Künstlichkeit‘ und ‚Romantik‘ Venedigs legen nahe, dass die Stadt zum allgemeinen Symbol für Untergang, Tod und Liebe wird, „zum ‚Andersraum‘, der andere Normen und Regularitäten aufweist, als die umgebende Welt, deren Teil er ist" (Nies 2012, S. 10). Nach Venedig zu fahren, heißt immer den Wasserweg zu nehmen, bedeutet also immer eine „Grenzüberschreitung" (ebd., S. 11), und die „Abgeschlossenheit der Stadt [...] und die weitgehende Absenz moderner Architektur" (ebd., S. 12) lassen die Stadt als der Zeit entrückt erscheinen. Venedig gilt daher als Zeichen für den „Gegenraum zum Eigenen und damit als Projektionsfläche dessen, was dem Eigenen mangelt" (ebd., S. 15). Von diesem Verständnis ausgehend, lässt sich das Fehlende, das, was auf Venedig projiziert wird, auch als Teil einer Kritik an der preußischen Kultur verstehen.

Venedig als Projektionsfläche

Gondeln

Todessehnsucht

Die Gondel, mit der Aschenbach sich zum Lido fahren lässt, gleicht einem Sarg, ist Symbol für Tod und Verbrechen (vgl. 40). Der darin befindliche „üppigste Sitz der Welt" (41) verführt Aschenbach zu der lange unterdrückten süßen „Lässigkeit" (42). Die weichen Kissen (vgl. 103) unterstreichen Aschenbachs Sehnsucht zum Tode und seinen Wunsch, dass die Fahrt in der schwarzen Barke ewig dauern möge (vgl. 42).

Früchte

Eros und Tod

Die im Text genannten Früchte repräsentieren einerseits Sinnlichkeit, andererseits stehen sie wegen der möglichen Infektionsgefahr in Zusammenhang mit dem Tod wie etwa die Erdbeeren (vgl. 133). Sie symbolisieren wie der Granatapfel (vgl. 117) auch in der antiken Mythologie den Tod. Der Granatapfel ist Hades und Persephone, den Göttern der Unterwelt, zugeordnet.

Das Motiv der Erdbeeren erscheint zum ersten Mal, nachdem Aschenbach einen Kuss zwischen Jaschu und Tadzio beobachtet hat. Er frühstückt am Strand „große, vollreife Erdbeeren, die er von einem Händler erstand" (63). Diese Früchte sind aufgrund der Kuss-Szene mit Erotik assoziiert. Da sie außerhalb der Ordnung des Hotels erstanden worden sind, stehen sie für die in der Novelle immer wieder aufgeführte Kombination von Sexualität, Unordnung, Verbrechen, Krankheit und Tod. Es hat den Anschein, als sei der unmittelbare Auslöser für den Tod Aschenbachs das Verzehren überreifer Früchte, die er – bereits bar jeder Kontrolle durch seinen Verstand – vor einem kleinen Gemüseladen kauft und im Gehen isst. Er ignoriert alle Vorsichtsmaßregeln, die bei einer Cholera-Epidemie notwendig sind. Bei genauerer Betrachtung zeigt sich, dass der Zusammenhang zwischen dem Genuss der Erdbeeren, einer möglichen Cholera-Infektion und dem Tod Aschenbachs offen bleibt:

> „[…] es darf aber vor allem deshalb der Tod nicht explizit mit dem Genuss der überreifen Erdbeeren verknüpft werden, weil dann die tragische Notwendigkeit in der gesamten Biografie Aschenbachs zerstört wäre. Das kunstvoll aufgebaute System von Motiven psychologischer, moralischer und metaphysi-

scher Art würde von einer neuen, bloß physiologischen Kausalkette überlagert, die den Gedanken an einen aus den Dispositionen Aschenbachs mit Notwendigkeit folgenden Liebestod vernichten würde." (Frizen 1997, S. 65)

Sanduhr

Die Sanduhr ist ein gebräuchliches Bild für das Verrinnen der Zeit, für Vergänglichkeit und Tod. Nachdem die Musikertruppe die Hotelgäste zum Hohngelächter animiert und das Hotel verlassen hat, bleibt Aschenbach allein auf der Terrasse zurück. Er trinkt den Granatapfel-Saft und erinnert sich an eine Sanduhr im Hause seiner Eltern. Immer dann, wenn der Sand durch die Enge des Glases glitt, bildete sich dort „ein kleiner, reißender Strudel" (118) – Sinnbild des großen Strudels, der Abwärtsbewegung, in der sich der alternde Verliebte befindet.

Der reißende Strudel

Fotoapparat

Nachdem Aschenbach erfahren hat, dass die polnische Familie mit dem Geliebten abreisen wird, geht er zum Meer. Der Strand ist nun verlassen, leblos, kalt, „unwirtlich" (136) und verschmutzt. Verstärkt wird diese melancholische Stimmung durch einen Fotoapparat auf einem Stativ. Niemand scheint sich um den von einem schwarzen Tuch bedeckten Apparat zu kümmern. Das Tuch „flatterte klatschend im kälteren Winde" (137). Auch in diesem Bild konzentrieren sich Einsamkeit und Tod.
Das dreibeinige Stativ spielt auf den Dreifuß des Apoll an, „der nach Aschenbachs Hinwendung zum Dionysischen ‚herrenlos' geworden ist, allerdings nur ‚scheinbar herrenlos', denn die apollinische Kunst des Erzählers ist nicht aufgegeben. […] Die apollinische Perspektive des photographischen Apparates hält sozusagen seinen Untergang objektiv fest" (Bahr 2005, S. 70).

Meer

Im Mittelpunkt der komplexen Symbolik des Meeres stehen dessen Gestaltlosigkeit und Grenzenlosigkeit. Damit ist das Meer dem dionysischen Bereich zuzuordnen, dem Bereich der Auflösung und Auslöschung des

Auflösung der Grenzen und Auslöschung des Individuums

Individuums. Dieser Aspekt wird häufig durch das Wortfeld „schwimmen" bzw. „verschwimmen" unterstrichen (vgl. 59). Venedig selbst bietet keine klare Trennung zwischen Land und Meer, vgl. etwa: „Die Marmortreppen einer Kirche stiegen in die Flut" (103). In der Philosophie Schopenhauers gilt das Meer als Gleichnis eines ziellosen Urwillens, der allen Erscheinungen zugrunde liegt.

Für Aschenbach ist wichtig, dass er in seinem Hotel ein Zimmer mit Blick zum offenen Meer erhält (vgl. 48). Auch der Lido grenzt auf der einen Seite ans Meer. Aschenbach liebt das Eintönige und Einfache der leeren „Raumeswüste" (59) aus zwei Gründen: Einerseits vermag es ihn, den Künstler, zu beruhigen. Andererseits kann es das Gegenteil bewirken, nämlich ihn zum „Ungegliederten, Maßlosen, Ewigen, zum Nichts" (59 f.) verführen. Entsprechend meint Aschenbach am Schluss, dass Tadzio ihn in den Tod, in das Nichts winke, das aber gleichzeitig ,verheißungsvoll' (139) erscheint.

Farbenspiele

Schwarz und Rot

Auf das Schwarz der sargähnlichen Gondeln und auf das Rußige und Düstere des Schiffes, das Aschenbach nach Venedig bringt, wurde bereits hingewiesen, ebenso auf das Rot der Früchte. Mit ihm korrespondieren Accessoires in der Kleidung: Tadzios rote Schleife (vgl. 62) und die neue, rote Krawatte des falschen Jünglings sowie des geschminkten Aschenbach (vgl. 131). Das Rot der Sinnlichkeit zeigt sich auch in den purpurnen Blütendolden der venezianischen Gärten.

Blau und Gelb

Auf Tadzios Kränklichkeit spielt die Farbgebung seiner Haut an. Die blasse, gelbliche Haut ist von bläulichen Adern durchzogen. Dies ist oft in Thomas Manns Werk das Anzeichen eines frühen Todes. Gleichzeitig spielt die Farbe Gelb auf die Blässe der Todesfigur des Knochenmannes an. Blaue Elemente besitzt Tadzios Kleidung, die so auf dessen Bezug zum Komplex des ,offenen Meeres' verweist.

Dämmergrau

Wiederholt werden die dämmergrauen Augen Tadzios genannt. Diese Farbsymbolik könnte seine Funktion als „Seelengeleiter", als Schwellenfigur zwischen Land und

Meer, Diesseits und Jenseits, Leben und Tod, Prinzipien
des Männlichen und des Weiblichen, Knabe und Mann,
Tag und Nacht unterstreichen. Auffällig ist hingegen,
dass sein Haar farblich nicht genau bestimmt wird, sondern als „honigfarben" (50) gilt. Auch von „goldige[m]
Dunkel" (51) ist die Rede. Beide Bezeichnungen schei-
nen sich bewusst einer konventionellen Festlegung zu
entziehen und auf den sinnlich-ästhetischen Eindruck
zu zielen. Sie beziehen sich möglicherweise auf die be-
kannteste Ausführung des Dornausziehers, eine in Rom
befindliche Bronzekopie (vgl. S. 108).

Cholera

Der Ausbruch der Epidemie wird langsam in der Novelle vorbereitet. Schwüle und ungesunde Witterung
verdichten sich; in der vierten Woche seines Venedig-
Aufenthalts bemerkt Aschenbach den Geruch von Desin-
fektionsmitteln in der Stadt sowie öffentliche Bekannt-
machungen der Behörden.
Im Zuge seiner Nachforschungen lässt er sich gern mit
Lügen über den tatsächlichen Zustand abspeisen. Unter-
schwellig weiß er um die drohenden Gefahren. Zu dem
von ihm empfundenen Komplex Erotik, Verbrechen
und Tod passt jedoch der Ausbruch einer Seuche, den er
als Abenteuer der „Außenwelt" (100) mit Genugtuung
registriert.

Das unvermeidliche Chaos als Begleiterscheinung einer
Epidemie, die bevorstehende Auflösung der öffentlichen
Ordnung sowie die Verheimlichung durch die Behörden
befriedigen Aschenbach:

> Behagen an
> öffentlichem
> Chaos

> „dieses schlimme Geheimnis der Stadt, das mit seinem
> eigensten Geheimnis verschmolz, und an dessen Bewahrung
> auch ihm so sehr gelegen war." (Ebd.)

Einzig die deutschsprachigen Zeitungen und der engli-
sche Reisebüro-Angestellte informieren angemessen.
Die Cholera, so der Clerk, habe sich von Indien, von den
Sümpfen des Ganges-Delta über Asien ausgebreitet und
sei von Syrien aus mit Handelsschiffen in verschiedene
Hafenstädte am Mittelmeer verschleppt worden. Mitte
Mai habe man in Venedig die ersten schwärzlichen Leich-

name gefunden. Da vermutlich Lebensmittel infiziert seien, konnte sich die Epidemie rasend schnell ausbreiten. Achtzig Prozent der Infizierten seien gestorben, und zwar auf sehr qualvolle Weise, da diese Form der „trockenen" Cholera eine besonders gefährliche sei. „Binnen weniger Stunden verdorrte der Kranke und erstickte am pechartig zähe gewordenen Blut unter Krämpfen und heiseren Klagen." (121) Ausnahmen von diesem qualvollen Tod gebe es wenige, das seien die Kranken, die aus einer tiefen Ohnmacht nicht mehr erwachen. Die von Aschenbach zuvor erwarteten Folgen hinsichtlich „Entsittlichung" (122), wachsender Kriminalität, Ausschweifungen sowie Prostitution seien nun eingetroffen.

Im realen Venedig starben zur Zeit des Aufenthaltes der Familie Mann acht Menschen an der Cholera, die die Behörden ebenso zunächst zu vertuschen versuchten (vgl. Rütten 2014, S. 90).

Information über die Cholera

Den Informationen des Reisebüro-Angestellten zufolge kommt die Cholera aus Indien, also aus dem Land, das Aschenbach nach der Begegnung mit dem Wanderer auf dem Nordfriedhof imaginiert hat. Tiger und Urwelt-Wildnis als Elemente der die tödlichen Bakterien beherbergenden tropischen Landschaft kommen gleichfalls in der Rede des Reisebüro-Angestellten vor. Die Analogie zur Herkunft des fremden Gottes, zu Dionysos, im Kontext der Novelle ist offensichtlich. Aber es stellt auch ein Attribut Apolls dar, seinen Feinden die Pest zu schicken. Seuchen gelten in der Antike oft als eine Bestrafung durch die Götter.

Die Novelle lässt offen, warum Aschenbach stirbt. Eine Infektion mit der Cholera ist nicht eindeutig, daher kann auch im mythologischen Kontext des Werks Aschenbachs Tod nicht als Verurteilung verstanden werden.

Norden versus Süden – Orient und Okzident

Klares versus getrübtes Bewusstsein

Den gegensätzlichen Kräften des Dionysischen und des Apollinischen bzw. des Leistungsethos Aschenbachs und seiner Berauschung sind unterschiedliche geographische Regionen bzw. Bauwerke zugeordnet. Der Norden (Deutschland, München und insbesondere das einsame Ferienhaus in den Bergen) verkörpert disziplinierte Leistung. Dem entspricht auch die klare Ausdrucksweise des britischen Angestellten (vgl. 119), der die Wahrheit spricht. Der Süden hingegen verweist auf Auflösung und Trübung des Bewusstseins. Auch das zeigt die Rede des Clerks, der darauf hinweist, dass die nun eingetretenen Ausschweifungen sonst nur im Süden des Landes oder im Orient anzutreffen seien (vgl. 122).

Auch diverse Bauwerke spiegeln den Kontrast. Auf ‚Orientalisches‘ und damit Fremdes und Dionysisches weisen hin: die byzantinische Aussegnungshalle auf dem Münchner Nordfriedhof, San Marco als morgenländischer Tempel sowie die venezianischen Paläste mit arabischen Fenstern. Dem Süden insgesamt wird der Hang zur Kriminalität, zum Spitzbübischen und Leichten zugesprochen. In Venedig treffen Orient und Okzident aufeinander.

Wirklichkeitsverzerrung

Der Titel *Der Tod in Venedig* hört sich eindeutig an, und am Ende des Werks trifft auch ein Tod an dem besagten Ort ein. Doch viele andere Momente der Novelle sind nicht eindeutig. Vieles ist nicht so, wie es scheint. Auch die übliche Trennung von Erzähler und Protagonist verschwimmt an vielen Stellen. Das Motiv des Schwimmens, das auch in der unbestimmten, nicht abgegrenzten Stadt-Wasser-Landschaft Venedigs zum Ausdruck kommt, lässt sich ebenso auf die im Text dargestellte Wirklichkeitssicht beziehen. Irritationen bezüglich einer eindeutigen Wirklichkeit zeigen sich z.B. in folgenden Elementen:

- Vision des wilden indischen Sumpfes: Tagtraum, Phantasie oder Traum? Zwischen Halluzinationen, Visionen und Träumen verschwimmen die Grenzen.
- Täuschung der Phänomene – z.B. Erkenntnis des „falschen Jünglings" (34), die eine „träumerische Entfremdung, eine Entstellung der Welt ins Sonderbare" (35) zur Folge hat.
- Der reisende Aschenbach wird vom Gefühl des Schwimmens (vgl. 35), der Auflösung von Ort und Zeit, berührt; dazu bemerkt der Erzähler: „wir

dämmern im Ungemessenen" (36). Im Schlaf erscheinen Aschenbach Traumfiguren mit „verwirrten Traumworten" (36 f.).

– In der Wahrnehmung der Stadt, ähnlich wie bei der Wahrnehmung der Todesboten, lassen sich keine klaren Umrisse erkennen.

– Das Adjektiv „unheimlich" wiederholt sich (vgl. 44, 97); die Todesboten sind unheimliche Gestalten, die einerseits der realen Ebene zugehören, andererseits durch mythologische Verweise die Präsenz einer fremden, unbegreiflichen Sphäre nahelegen (vgl. Martínez 1996, S. 163).

– Die Vermischung der Perspektiven aufgrund der verschiedenen Erzählhaltungen unterstreicht die Ambivalenz der jeweiligen Wirklichkeitsmodi, z. B. „doppelte Optik" durch ‚Unbestimmtheitsstellen"; „zwei parallele Erklärungs- und Deutungsmuster des Erzählten […], die beide gleichermaßen als möglich erscheinen und die damit die dargestellte Realität als eine ambivalent *wahrnehmbare* auszeichnen" (Blödorn 2011, S. 61).

Verwandlung ins Mythische

– Insgesamt herrscht eine Aschenbach verzaubernde Atmosphäre in der „wunderlich-wundersamen Stadt" (79), so dass eine Verwandlung ins Mythische (vgl. 92) gelingen kann.

– Es bleibt ungewiss, woran Aschenbach stirbt.

Die Sphäre des Numinosen

Diese Art der Uneindeutigkeit, das Aufgeben apollinischer Ordnung, lässt sich mit dem Begriff des Numinosen fassen. Das Numinose gilt als das Göttliche, das anziehend und angsterregend gleichermaßen ist – ein Motiv, das bereits in der antiken Literatur und Mythologie auftritt. Einen Gott anzusehen, in einen nichtmenschlichen Bereich hineinzublicken, übersteigt die Fassungskraft des Menschen und lässt ihn erschauern. Besonders das für Aschenbach plötzliche und nicht erklärbare Erscheinen und Verschwinden des Wanderers veranschaulicht diese Sphäre gleich zu Beginn.

Selbsttäuschung

Wirklichkeitsverzerrung und Selbsttäuschung hängen im vorliegenden Werk eng zusammen. Bereits zu Beginn signalisiert die Wendung „ein falscher Hochsommer" (10), dass Trügerisches stattfindet, und die Vision der tropischen Landschaft lässt sich als eine Art Sinnestäuschung verstehen. Vor allem aber verfällt Aschenbach dem tragischen Irrtum, dass er Ziel und Zweck seiner Reise kontrollieren könne. Sein Wunsch ist, es solle „nicht gerade bis zu den Tigern" (18) gehen, aber genau da geht es ja hin. Auch eine kurzfristige Wetterbesserung, die Aschenbach darin bestätigt, nicht abzureisen, entpuppt sich als Trug. Am Ende der Reise haben sich die Kultur, die Identität und das Leben Aschenbachs aufgelöst. Die letzte Illusion besteht vermutlich darin, dass sich Aschenbach von Tadzio ins „Verheißungsvoll-Ungeheure" (139) geleitet fühlt.

Tragischer Irrtum

Kunst und Leben

Aschenbachs künstlerische Entwicklung

Zunächst soll Aschenbachs künstlerischer Werdegang kurz nachgezeichnet werden, um daran anschließend den Bezug zum antiken Denkrahmen herzustellen. Auf diese Weise lässt sich die Funktion des in den Text integrierten humanistischen Bildungskanons erschließen.

Aschenbach als Künstler	
⇒	Zwei Entwicklungsphasen: die zynische, skeptische der Jugendzeit und die Reifung zum Meister
⇒	Meistertum: Strenge und Einfachheit der Form, Orientierung an Klassik, Askese und körperliche Kasteiung
⇒	Spiegelung der Lebensdisziplin im Werk, z. B. im Roman über den Preußenkönig Friedrich II.
⇒	Krise: Erkenntnis der Amoralität der Kunst

Kunst als Dienst und Verpflichtung

Anspannung als Voraussetzung des künstlerischen Schaffens

Da Aschenbach körperlich nicht robust ist, muss er die kräftezehrende dichterische Produktion seinem Körper abringen. So wird er vom Erzähler auch der „Tapfer-Sittliche" (21) genannt, der zur „ständigen Anspannung nur berufen, nicht eigentlich geboren war" (ebd.). Daher ist es für Aschenbach notwendig, mit großer Selbstdisziplin zu leben. Sein Lebensmotto besteht in der Forderung an sich selbst: „Durchhalten" (ebd.).

Kampf zwischen Ermüdung und Schaffenswille

Kunst ist für Aschenbach demnach „Verpflichtung" (15) sowie „Dienst" (16) und erfordert Selbstdisziplin. Er liebt den Kampf zwischen seiner zunehmenden Ermüdung und dem Willen, weiter an seinem Werk zu arbeiten. Scheinbar widersprüchlich wird seine Gefühlswelt charakterisiert: kalt und leidenschaftlich zugleich (vgl. ebd.) – „kalt" in Bezug auf die Unterdrückung von Gefühlen, die sich mit einem unvollkommenen Werk zufriedengeben, und „leidenschaftlich" in Bezug auf den Willen, etwas Vollkommenes zu schaffen.

Zur Produktion dieses dichterischen Werks muss jede

Störung ausgeklammert sein. Schon als Kind und Jugendlicher ist Aschenbach einsam. Im Vordergrund seines Lebens steht das künstlerische Schaffen, das sich in zwei Phasen entwickelt hat: Nach einer ersten Phase, in der Aschenbach als Bohemien lebte, skeptisch mit Erkenntnissen umging und gestrauchelt war, hat er sich als reifer Künstler zur Würde emporgearbeitet (vgl. 31). Diese zweite Phase hat ihn in die jetzige Krise geführt.

Zwei Phasen dichterischen Schaffens

Kunst ist für Aschenbach Leistung und bedarf so der Grundlage der körperlichen Disziplin. Die Titel und Themen der aufgelisteten Werke spiegeln diese Auffassung zum Teil wider, wie z. B. die Biografie des Preußenkönigs Friedrichs II. Das Schreiben ist für Aschenbach ein „heilig-nüchterner Dienst seines Alltags" (79), aber auch „Krieg" gegen seinen Körper. Entsprechend sieht er sich als „Soldat" (105), nicht als Genie, aus dessen Intuition das Kunstwerk eruptiv entsteht; er versteht sich lediglich im Besitz eines Talentes. Mit dessen Hilfe und immenser Willensanstrengung gelingt ihm ein Werk „in kleinen Tagewerken aus aberhundert Einzelinspirationen zur Größe emporgeschichtet" (22). Die für die Kunst notwendige Askese sieht er als männlichen Heroismus (vgl. 106). Die Kunst soll den biologischen Verfall des Künstlers verbergen (vgl. 24). Zum Meister wird man nur, wenn man Wissen leugnet, das den Willen lähmen könnte.

Thematik der Werke spiegeln Lebenshaltung

Das zweite Kapitel der Novelle wird durch eine Art Katalog der Werke der Reifezeit Aschenbachs eingeleitet. Dort sind aufgeführt:
- eine Prosa-Epopöe vom Leben Friedrichs des Großen,
- ein Roman namens „Maja", der viele Figuren und Schicksale miteinander verknüpft,
- eine Erzählung mit dem Titel „Ein Elender",
- eine Abhandlung über „Geist und Kunst".

Der Erzähler bezeichnet all diese Werke mit sehr positiv wertenden, vielleicht auch schon ironisierenden Adjektiven. Die „Prosa-Epopöe" charakterisiert er als klar und mächtig, und es reiche nicht, das Werk nur als Prosa, als Epos oder als Biografie zu benennen. Der schon zur Entstehungszeit der Novelle veraltete Terminus „Prosa-Epo-

Aschenbach als Klassiker

pöe", den auch Goethe verwandt hat, unterstreicht, dass Aschenbach nun selbst zum Klassiker geworden ist. Das Thema des Werks, das Leben des preußischen Königs – und damit auch der sogenannten preußischen Tugenden wie Dienst, Disziplin und Selbstüberwindung –, spiegelt Aschenbachs täglichen Kampf mit sich selbst wider. Nur aus Selbstdisziplin entspringen seine künstlerischen Werke.

Auch die Erzählung „Ein Elender" handelt von „sittlicher Entschlossenheit" (19). Krönung seines Ruhms ist jedoch die Abhandlung über „Geist und Kunst", die mit dem kunstphilosophischen Werk Friedrich Schillers *Über naive und sentimentalische Dichtung* (1797) verglichen wird – ein weiteres Zeichen dafür, dass Aschenbach in den Rang eines Klassikers gehoben wird.

Vergleich mit Schiller

Kunstauffassung der „doppelten Optik"

Der Bezug zum Publikum ist Aschenbach wichtig. Seine Werke haben Erfolg bei den unterschiedlichsten Leserschichten, sowohl bei dem breiten Publikum als auch bei der wählerischen Elite. Dies hängt mit seiner Art von Kunst zusammen, die ebenso „weit entfernt vom Banalen wie vom Exzentrischen" (20) ist, also viele Menschen ansprechen kann. Das entspricht Thomas Manns Kunstauffassung der „doppelten Optik" (Lämmert 1970, S. 50 ff.).

Kunst als Opfer, als parareligiöser Dienst

Um den emotionslosen, aber dennoch leidenschaftlichen „Dienst" des Kunstschaffens ausüben zu können, übergießt sich Aschenbach ungefähr ab der Mitte des 40. Lebensjahres jeden Morgen mit kaltem Wasser. Danach bringt er seine Energie „der Kunst zum Opfer dar" (22). Dass es sich dabei um einen fast religiösen Dienst handelt, unterstreicht die Tatsache, dass er ein Paar hoher „Wachskerzen in silbernen Leuchtern zu Häupten des Manuskripts" anzündet (ebd.).

Aschenbachs Werke

Er sieht es als moralischen Sieg an, wenn das Publikum bei der Lektüre seines Werks nicht das Ringen um sein Schreiben vermutet, sondern es für ein Produkt starker Kraft und steter Ausdauer hält. Aschenbach begreift sich als Soldat, als Eroberer im Dienste seines Werks.

Der Erzähler benennt als den zentralen Grund des Erfolgs Aschenbachs eine Art Übereinstimmung zwischen dem Leben des Autors und dem der Leserschaft. Wenn diese „geheime Verwandtschaft" (23) eintrete, verspüre

der Leser Sympathie mit dem Werk. So wird der Heldentyp, den Aschenbach in seinem Werk erscheinen lässt,
mit dem seines Schöpfers gleichgesetzt: Die Haltung des
„Trotzdem" (ebd.) entspricht einem zeitgemäßen Heldentum. Aschenbach ist damit der

Heldentypus der Moderne

> „Dichter all derer, die am Rande der Erschöpfung arbeiten [...]
> all dieser Moralisten der Leistung, die, schmächtig von Wuchs
> und spröde von Mitteln, durch Willensverzückung und kluge
> Verwaltung sich wenigstens eine Zeitlang die Wirkungen der
> Größe abgewinnen" (25).

Also finden sich in seinem Werk all die Leser wieder, die
versuchen, durch Willensanstrengung zeitweise etwas
Großes zu bewirken. „Ihrer sind viele, sie sind die Helden des Zeitalters." (Ebd.)

Symbol dieses Heldentums, dieses Paradoxons des Heroismus der Schwäche ist ein Märtyrer, der heilige Sebastian (siehe dazu S. 106 f.). Nötig ist eine aktive „Haltung
im Schicksal" (24), eine Selbstbeherrschung, die den
zwangsläufigen biologischen Verfall zum Tode verdeckt.
Aus dieser Haltung resultiert auch die Würde und Meisterschaft, die Aschenbach im Laufe seines Lebens ge-
wonnen hat. Nachdem er als junger Mann mit Stoff und
Form experimentiert hat, von problematischen Inhal-
ten fasziniert war, sich zynischer Schreibweise und zynischer Haltung gegenüber der Kunst bedient hat, um seine Altersgenossen zu begeistern, orientiert er sich als
gereifter Künstler an der Programmatik der Klassik: Einfachheit und Schönheit.

Selbstdisziplin zur Kaschierung des körperlichen Verfalls

Doch das „fragwürdige Wesen der Kunst" (26) treibt
noch den über Fünfzigjährigen um. Wissen und Er-
kenntnisse, die die Kunstproduktion lähmen könnten,
müssen geleugnet werden. Dies ist auch die Thematik
der Erzählung „Ein Elender", die von einem weichlichen
Menschen handelt, der aus Lasterhaftigkeit und Willen-
losigkeit seine Frau in den Abgrund treibt. Es gibt im
Text keinerlei Anzeichen für Sympathie mit der würdelosen Hauptfigur. So ist die ganze Erzählung gegen die
„Laxheit des Mitleidssatzes, daß alles verstehen alles verzeihen heiße" (ebd.) gerichtet und somit als „Ausbruch
des Ekels gegen den unanständigen Psychologismus der
Zeit" (ebd.) zu verstehen.

Amoral der Form

Fragwürdig ist die Kunst jedoch, weil der Vorrang der schönen Form vor dem Inhalt zu moralischer und inhaltlicher Vereinfachung führen kann. Die moralische Reduktion von Erkenntnissen hat eine sittliche Reduktion zur Folge und damit „auch ein Erstarken zum Bösen, zum Verbotenen, zum sittlich Unmöglichen" (27 f.). Und auch die Form selbst ist nur ambivalent zu verstehen: Einerseits ist sie das Ergebnis von Disziplin, andererseits höchst unsittlich aufgrund der moralischen Gleichgültigkeit formaler Aspekte und der Dominanz der Form über die Moral.

Identifizierung
mit Urwillen

Aschenbach sieht die Schöpfung des vollkommenen Tadzio als Werk eines reinen Willens. Als Künstler, als Schriftsteller meint Aschenbach diesen Willen zu kennen:

> „Wirkte er nicht auch in ihm, wenn er, nüchterner Leidenschaft voll, aus der Marmormasse der Sprache die schlanke Form befreite, die er im Geiste geschaut und die er als Standbild und Spiegel geistiger Schönheit den Menschen darstellte?" (83)

Kunst und Eros – Platon

In der späteren autobiografischen Schrift *Über mich selbst* (1940) schreibt Thomas Mann:

Leben als
Wiederholung

> „Leben heißt: in Spuren gehen, Nachleben, Identifikation mit einem sichtbarlichen oder überlieferten, mythischen Vorbild! [...] Alles Leben ist Wiederkehr und Wiederholung" (S. 87).

Das einmalige Individuum sei nur eine Illusion, „eine mythische Rolle", denn mit jedem Individuum komme „aus dem tieferen Bewußtsein, daß etwas schon Gewesenes, Erwiesenes und Gültiges mit ihm wieder am Lichte ist und Gegenwart wird" (ebd.).

Entsprechend stellt Thomas Mann in seinem Gesamtwerk häufig mythologische Bezüge her, so insbesondere in dem späteren Roman *Der Zauberberg* (1924) sowie in der umfangreichen Roman-Tetralogie *Joseph und seine Brüder* (in vier Teilen zwischen 1933 und 1943 veröffentlicht).

→ Überindividuelle Relevanz mythischer Bilder → Institutionalisierte Akzeptanz von Homoerotik In der Antike → Funktion der Zitate und Anspielungen auf die antike Mythologie → Philosophische Vertiefung der Thematik des Schönen: Platons Zwei-Welten-Theorie, Annahme der Uridee des Schönen, Einbezug des Eros in die Stufenfolge der Ideen → Aschenbachs Auslegung der Ideen Platons und Distanzierung des Erzählers → Traum vom fremden Gott Dionysos → Verbot und Tabuisierung von Homosexualität im Kaiserreich	„Leben heißt: in Spuren gehen"

In *Der Tod in Venedig* hat der Bezug zur Antike insbesondere die Funktion, das Verhältnis von Kunst, Geist und Körper zu erfassen. Der Hinweis auf die Natürlichkeit der Homoerotik in der griechischen Antike ist eine Legitimationsstrategie für Aschenbachs Begehren. Gleichzeitig dient er dazu, Aschenbachs Gefühle für Tadzio zunächst zu verbergen, da er ihn anfangs als Kunstfigur betrachtet. Der Erzähler durchschaut jedoch die Funktion der Antikisierung: „So war des Betörten Denkweise bestimmt, so suchte er sich zu stützen, seine Würde zu wahren." (106)

Antikisierung als Legitimationsstrategie für Begehren

> „Erst wenn man sich des Zwanghaften seiner Disposition versichert hat und ihn nicht als komischen Kauz abtut, können Mythologisierung und Antikisierung als Mechanismen erkannt werden, die die illegitime Faszination belegen sollen." (Kämper-van den Boogaart 2001, S. 119)

Die innere Verwandtschaft des Lächerlichen mit dem Heiligen (vgl. 97) im Komplex von Liebe, Kunst, Schönheit und Sexualität wird so in eine Sprache und eine Form gefasst, die das Universale der Thematik deutlich macht.

Schöne Knaben und eine Jünglingsentführerin

Narziss, Hyakinthos, Ganymed und Eos

Sowohl in der antiken Mythologie als auch in der Philosophie spielen Homoerotik und Knabenliebe eine wesentliche Rolle. Im Zusammenhang mit der Charakteri-

Homoerotik und Knabenliebe in der Antike

sierung Tadzios als Todesbote (vgl. S. 78) wurde bereits auf die Figur des Narziss hingewiesen, der sich in sein eigenes Spiegelbild verliebt. Ein Teil der psychologischen Forschungsliteratur geht davon aus, dass die Selbstliebe, der Narzissmus, mit einer Disposition zur Homosexualität verknüpft ist. So wird Aschenbach sich auch einer Gefährdung bewusst, als er Tadzio untersagen möchte, nie mehr so wie Narziss zu lächeln:

> „Sonderbar entrüstete und zärtliche Vermahnungen entrangen sich ihm: ‚Du darfst so nicht lächeln! Höre, man darf so niemandem lächeln!'" (97)

Angst vor der Überwältigung durch das Schöne

Doch vermutlich geht es hier nicht um die Erinnerung an Normen, die diese Liebe verbieten, sondern um die Angst vor der Überwältigung durch den Schönen und das Schöne. Diese Angst ist ein weitverbreiteter Topos antiker Mythologie, weil sie mit dem Verlust des menschlichen Maßes verbunden ist.

Aschenbach fürchtet, in der Öffentlichkeit wegen seiner Passion lächerlich zu wirken, aber er scherzt „bei sich selbst über seine komisch-heilige Angst" (90) und spielt dabei auf die Sphäre des Numinosen (vgl. S. 88) an.

Eos, die Göttin der Morgenröte

In diesem männlich orientierten mythologischen Kosmos erscheint nun eine Dame: Eos, die griechische Göttin der Morgenröte. Aschenbach verspürt erneut „ein zart durchdringendes Erschrecken" (91). Eos wird als „Jünglingsentführerin" (ebd.) bezeichnet. Obgleich verheiratet, hat sie der Sage nach verschiedene junge Männer ent- und verführt. Genau dies wünscht sich Aschenbach, denn „sein Herz träumte zarte Fabeln" (93).

Der Sonnenaufgang wird in antikisierender Manier beschrieben. Die Vokabeln erinnern auch hier an einen Gottesdienst („mit Andacht", ebd.) und an das Motiv des Zwischenreichs („in geisterhaft glasiger Dämmerblässe", ebd.). Dann erhebt sich die Göttin der Morgenröte; erotische Konnotationen schwingen mit („jenes erste, süße Erröten", ebd.; Wolken schweben „gleich dienenden Amoretten im rosigen, bläulichen Duft", 91 f.). Dionysisches zeigt sich in dieser Szenerie: „Brunst" (91); Stiere, Ziegenböcke (vgl. 93). Entsprechend fühlt sich Aschenbach, der „Berückte", von einer heilig entstellten „Welt voll panischen Lebens" (ebd.) umgeben. Das Adjektiv „panisch" bezieht sich auf den Gott Pan, einen Naturgott. „Es könnte sich hier um eine versteckte Vorankündigung des Dionysos im fünften Kapitel handeln." (Bahr 2005, S. 53)

Bei Sonnenuntergang beobachtet der Träumende oft den im Park spielenden Tadzio: „und Hyakinthos war es, den er zu sehen glaubte" (93). Die Wahrnehmung der äußeren Wirklichkeit schlägt auch hier in den mythischen Bereich um. Tadzio wird mit einem weiteren schönen Jüngling aus der griechischen Sage verglichen, der sich wie Narziss in eine Blume verwandelte.

Hyakinthos

Die Novelle berichtet kurz den Inhalt der Sage. Zu Beginn steht das Wichtigste: Hyakinthos musste sterben, „weil zwei Götter [Apoll und Zephyr, ein Gott des Windes] ihn liebten" (ebd.). Apoll vergaß seine Pflichten über diese Liebe. Zephyr war eifersüchtig und lenkte mit seinem Wind eine von Apoll geworfene Diskusscheibe auf den Jüngling. Dieser wurde erschlagen, und aus seinem Blut entstand die Hyazinthe. Aschenbach kann sich mit Zephyr identifizieren, der den Tod des schönen Jünglings bitter beklagt: „und die Blume, dem süßen Blute entsprossen, trug die Inschrift seiner unendlichen Klage …" (Ebd.).

An früherer Stelle vergleicht sich Aschenbach gar mit Zeus, der den schönen Hirtenjungen Ganymed in Gestalt eines Adlers auf den Olymp getragen und ihn dort, auf dem Sitz der Götter, zum Mundschenk ernannt hat. Aschenbach geht bereits hier in den Spuren des Mythos: „[…] und seine Schönheit ins Geistige zu tragen, wie der Adler einst den troischen Hirten zum Äther trug." (87)

Ganymed

Anfangs nimmt Aschenbach Tadzio als Kunstwerk wahr. Fachmännisch beurteilt er die Posen und vergleicht ihn mit der antiken Statue des Dornausziehers (vgl. S. 27, 108). Die Entdeckung, „daß der Knabe vollkommen schön war" (50), führt zunächst zur Erinnerung an „griechische Bildwerke aus edelster Zeit" (ebd.). Thomas Mann kannte sicher Heinrich von Kleists Essay *Über das Marionettentheater* (1810). Darin macht Kleist am Beispiel des Dornausziehers deutlich, dass nur eine unbewusste Bewegung so anmutig sein kann, solange sie nicht vom Verstand initiiert und kontrolliert wird. Mit diesem Verweis auf Kleist wird Tadzio erneut verklärt.

Grazie des Dornausziehers

Kritobulos und Phaidros

Warnung des
Sokrates vor
der sinnlichen
Schönheit

Der antike philosophische Bezugsrahmen dient dazu, die Passion von Aschenbach nicht nur moralisch, sondern auch metaphysisch verständlich zu machen, zu vertiefen und zu legitimieren. Er eignet sich aber auch dazu, auf die Gefahr durch den schönen Tadzio hinzuweisen. Es ist kein Zufall, dass Aschenbach sich an Zeilen aus dem Werk Xenophons (um 430–354 v. Chr.), eines antiken Schriftstellers und Schülers des Philosophen Sokrates, erinnert. Xenophon verfasste Dialoge, in denen er Sokrates auftreten ließ. Aschenbach erinnert sich an die Episode, in der der Philosoph den jungen Xenophon vor den Gefahren der sinnlichen Schönheit warnt. Sokrates hat Kritobulos, der einen jungen Mann geküsst habe, geraten, für ein Jahr zu verreisen, um die Wunde des Kusses zu heilen, der mit dem Biss einer Tarantel, einer äußerst giftigen Spinne, verglichen wird.

Die homoerotische Passion zu einem Jüngeren wird also als Wunde, als Krankheit oder Verletzung gesehen. Als Aschenbach beobachtet, dass Jaschu Tadzio am Strand küsst, erinnert er sich an diese Stelle im Werk Xenophons und überlegt kurz, Jaschu mit dem Finger zu drohen (vgl. 63). Aschenbach selbst nimmt den Rat des Sokrates, zu verreisen, nicht an – im Gegenteil: „Ich will also bleiben" (59).

Päderastie und
soziale Bindung

In der Antike war Päderastie, die Knabenliebe, die auch ein sexuelles Verhältnis zu männlichen Jugendlichen (etwa vom 12. bis 18. Lebensjahr) einschloss, legitimiert und in einen gesellschaftlichen Rahmen integriert. Texte, bildliche Darstellungen und Urkunden zeugen davon. In der Oberschicht Athens galt die sexuelle Beziehung zwischen einem älteren Mann und einem Knaben als eine erzieherische. Sie war institutionalisiert und diente den sozialen Bindungen. Darauf wird auch in der Novelle angespielt. Der Eros, der Aschenbach ergriffen hat, habe „bei den tapfersten Völkern vorzüglich in Ansehen gestanden [...]. Zahlreiche Kriegshelden der Vorzeit hatten

Distanzierung des
Erzählers

willig sein Joch getragen" (106). In diesem Zusammenhang, so die erlebte Rede, also die Perspektive Aschenbachs, gebe es auch keine Entwürdigung, selbst bei sklavischer Abhängigkeit vom Geliebten. Der auktoriale Erzähler distanziert sich jedoch von dieser Legitimation:

„So war des Betörten Denkweise bestimmt, so suchte er sich zu stützen, seine Würde zu wahren." (Ebd.)

Homoerotisches Begehren ist auch eine Etappe in der Konzeption des Eros durch den Philosophen Platon (um 427–347 v. Chr.). Platon, dessen Gedankengebäude für das gesamte westliche Denken bis heute von immensem Einfluss ist, geht von einer Zwei-Welten-Theorie aus. Es gibt einerseits die konkrete, empirisch fassbare Welt und andererseits die Welt der unvergänglichen, nicht-materiellen, unveränderlichen, vom Menschen unabhängigen Ideen. Diese Ideen – so Platon – sind Urbilder, nach denen die sichtbaren Dinge geformt sind. So gibt es z. B. die Idee des Tisches, an der der sichtbare Tisch teilhat. Die Welt des Körperlichen ist der Welt der Ideen untergeordnet. Die zentrale Frage dabei ist, wie der Mensch als Teil der unteren, körperlichen Welt Zugang zum Reich der Ideen, zur Wahrheit haben kann.

Platon: Dualismus der Welten

Um dem Geliebten zu gefallen, muss man selbst nach dem Guten streben. So werden Eros und das Gute miteinander verknüpft. In Platons Dialog *Symposion* („Gastmahl") geht es um einen Wettstreit bei einem Gastmahl, wer die beste Rede über den Eros hält. Einer der Redner ist Aristophanes. Er geht bei seiner Rede von einem Mangel aus: Der Liebende sehnt sich nach dem Objekt seiner Begierde, er sehnt sich nach seiner ehemaligen Ganzheit (wie etwa im Mythos vom Kugelmenschen, der manchmal zwei Männerhälften hatte).

Platons Dialog Symposion

Letzter Redner ist Sokrates. Mit dessen Rede erläutert Platon sein Konzept eines Erkenntniswegs zu den Ur-ideen, vom Besonderen hin zum Allgemeinen, und verbindet dies mit einer Stufenfolge der Liebe. Dabei geht es auch um das Erringen von Unsterblichkeit durch „leibliche und geistige Zeugung" (Platon, *Symposion* 208–212, S. 237).

Platon: Die Idee des Schönen

Erkenntnisweg zu
den Urideen

Der Anblick einer schönen Gestalt in der Jugend kann nach Platon zu folgenden Schritten führen:

1. Zuwendung zur seelischen Schönheit bei der schönen Person und Liebe
2. Fortpflanzung, heterosexuelle Liebe, Zeugung im Körper, durch Kinder Teilnahme an Unsterblichkeit
3. Da die Homosexualität nicht auf Fortpflanzung ausgerichtet und so dem Geistigen näher verwandt ist, hat sie erzieherische Aspekte und gilt daher als tugendhaft: „Nämlich indem er den Schönen berührt, meine ich, und mit ihm sich unterhält, erzeugt und gebiert er, was er schon lange zeugungslustig in sich trug […]. So daß diese eine weit genauere Gemeinschaft miteinander haben als die eheliche und eine festere Freundschaft, wie sie auch schönere und unsterbliche Kinder gemeinschaftlich besitzen." (*Symposion* 209c, S. 238) Mit den unsterblichen Kindern sind Kunstwerke gemeint, die für den Nachruhm sorgen.
4. Erkenntnis, dass allen schönen Körpern etwas gemeinsam ist: die Schönheit als Allgemeines
5. Höchste Stufe: Erkenntnis, dass Schönheit nicht an ein Einzelnes gebunden ist, sondern eine allgemeine Idee darstellt; das Urschöne wird plötzlich zu einer wahrnehmbaren Wirklichkeit als Schauen des Schönen, „Vollendung des Lebens durch Schau des Schönen" (*Symposion* 211d, S. 239); Zeugung im Geiste

Die platonischen Grundideen durchziehen die Novelle *Der Tod in Venedig*. Zweimal bezieht sich Aschenbach direkt auf Platons Dialog *Phaidros*: einmal, als ihn zum wiederholten Male der Anblick Tadzios inspiriert (vgl. 83), und zum zweiten Mal, als er nach einer Verfolgung Tadzios erschöpft am Brunnen sitzt und den Geruch der Desinfektionsmittel einatmet (vgl. 134). Er versucht jeweils, die Begegnung mit Tadzio durch das platonische Erkenntnismodell zu verklären. Er sieht in dessen Körper Göttliches, einen strengen Willen, der ihn erschaffen habe, und setzt sich selbst mit dem Schöpfer gleich.

Platon geht es jedoch mehr um die Erkenntnis des Guten, Aschenbach um die des Schönen. „Standbild und Spiegel!" (83) heißt es im Text:

> „und in aufschwärmendem Entzücken glaubte er mit diesem Blick das Schöne selbst zu begreifen, die Form als Gottesgedanken, die eine und reine Vollkommenheit, die im Geiste lebt und von der ein menschliches Abbild und Gleichnis hier leicht und hold zur Anbetung aufgerichtet war." (83 f.)

Die schöne Gestalt wird also als Instrument gesehen, „um das Geistige sichtbar zu machen" durch das „Werkzeug der Erinnerung mit allem Abglanz der Schönheit" (ebd.). Platon geht davon aus, dass wir durch unsere Seele eine vage Erinnerung an die Urideen haben, da diese an den Ideen teilgenommen hätten. Menschliche Schönheit hilft nach Platon also einem Erinnern an das universale Wesen der Schönheit, die mit dem Guten gekoppelt ist.

Platonismus als Modell des Verstehens und der Legitimation der Faszination des Schönen

Aschenbach seinerseits erinnert sich vage an die Textstelle aus dem *Phaidros* mit dem berühmt gewordenen Bild, in dem der ältere Sokrates mit seinem schönen Schüler Phaidros an einem lieblichen Ort (ein Topos der Literaturgeschichte) unter einer schattigen Platane sitzt und ihn über Sehnsucht und Tugend belehrt. Auch hier ist vom Erschrecken und von der „heiligen Angst" (85) durch den Anblick eines Gleichnisses „der ewigen Schönheit" (ebd.) die Rede. In der entsprechenden Situation belehrt Sokrates den Jüngeren:

> „Denn die Schönheit, mein Phaidros, nur sie, ist liebenswürdig und sichtbar zugleich: sie ist, merke das wohl! die einzige Form des Geistigen, welche wir sinnlich empfangen, sinnlich ertragen können. [...] So ist die Schönheit der Weg des Fühlenden zum Geiste, – nur der Weg, ein Mittel nur, kleiner Phaidros ..." (86)

Der Erzähler distanziert sich hier von der Auslegung Platons, er spricht in diesem Zusammenhang von „glaubte" (83), also vom Wähnen Aschenbachs, von „Rausch" und von der Gier des alternden Künstlers (vgl. 84). Sokrates gilt als „der verschlagene Hofmacher", der Aschenbach sich an die Göttlichkeit des Liebenden erinnern lässt, wie dieser sich auf den Weg zur Erkenntnis einer Uridee

Distanzierung des Erzählers von Aschenbachs Auslegung Platons

macht. Auch hier kommentiert der Erzähler und lässt die doppelte Funktion dieser These aufblitzen – Eros als sinnliches Begehren und als Erkenntnisweg: „diesen zärtlichsten, spöttischsten Gedanken vielleicht, der jemals gedacht ward und dem alle Schalkheit und heimliche Wollust der Sehnsucht entspringt" (86).

Die zweite *Phaidros*-Passage findet sich, als Aschenbach der völligen Zerrüttung nahe ist. Er kann nur noch einzelne Worte bilden und wiederholt „in seltsamer Traumlogik" (134) Elemente, die bereits in der ersten Passage enthalten sind wie die Aussage des Sokrates:

> „Denn [...] nur die Schönheit ist göttlich und sichtbar zugleich, und so ist sie denn also des Sinnlichen Weg, ist, kleiner Phaidros, der Weg des Künstlers zum Geiste" (ebd.).

Dilemma führt zur Abkehr von Kunst

Doch hier beruft sich Aschenbach auf einen Sokrates, der vor den Gefahren des mit der Schönheit verbundenen Eros warnt. Gleichgültig, welchen Weg die Dichter gehen, sie geraten immer in folgendes Dilemma: Sie könnten sich als unwürdig erweisen, seien dem Abgrund nahe, die „Meisterhaltung" ihres Stils sei „Lüge und Narrentum" (134), der pädagogische Auftrag heuchlerisch. So müsse die Erkenntnis der Wahrheit, der Urideen abgelehnt werden, da sie zum Abgrund und zur Amoral führe. Wenn die Ablehnung aber zum Ideal der Einfachheit, zu einer neuen Strenge der Form führe, führe auch dies zu Rausch und Abgrund, da moralische Grenzen missachtet würden. Darin ist eine Absage an alles enthalten, was das Leben des reifen Aschenbach vor der Reise ausgemacht hat: Würde, Meistertum, klassizistische Ideale, erzieherisches Vorbild. Einige Tage später stirbt er.

In Platons *Phaidros* ist die Kritik am Eros nicht das letzte Wort des Sokrates, sondern auch dort gilt, dass sowohl der Eros als auch die Dichtung göttliche Begeisterung seien und sich am Schönen entzünden. In der Novelle wird freilich derjenige Teil des platonischen Denkens betont, der dem Begehren Aschenbachs entspricht. Die Kopplung des Schönen mit dem Guten wird vernachlässigt, es geht vordergründig um die schöne Gestalt. Aschenbachs Imagination

> „vereindeutigt die erinnerte Schrift und passt sie dem eigenen
> Erlebnis an. Wiederum passend dazu versetzt sich der Dichter
> in die Lage, die Produktivität seines erotisch beseelten
> Körpers zu jener geistigen Zeugung zu nutzen, die die ‚andert-
> halb Seiten erlesener Prosa' darstellen" (Kämper-van den
> Boogaart 2001, S. 121).

Tadzio selbst ist für Aschenbach möglicherweise zu Beginn der Begegnung ein Instrument, um sich dem Wesen des allgemeinen Schönen zu nähern („das Schöne"). Aber zunehmend gilt sein Interesse der Gestalt des Tadzio. Er verlässt den platonischen Weg der Erkenntnis und verfällt in einen Rausch.

Worüber Aschenbach im Anschluss an die erste Erinnerung an *Phaidros* geschrieben hat, bleibt offen. Er hatte Lust, in Tadzios Gegenwart zu schreiben; die Gestalt des Schönen sollte als Muster dienen. Es ging dabei um „ein gewisses großes und brennendes Problem der Kultur und des Geschmackes […]. Der Gegenstand war ihm geläufig, war ihm Erlebnis" (87). Er merkte, dass nie zuvor dergestalt „Eros im Worte" (ebd.) gewesen sei. „Lauterkeit, Adel und schwingende Gefühlsspannung" (ebd.) der kleinen Abhandlung sollte bald öffentliche Bewunderung finden; also scheint die angestrebte Synthese von Form, Moral und Emotion zu gelingen.

Ungewissheit über den Inhalt von Aschenbachs Abhandlung

Doch der Kommentar des Erzählers lässt diesen Eindruck nicht lange zu. Er schildert den nach der Produktion („Seltsam zeugender Verkehr des Geistes mit einem Körper!", 88) erschöpften Aschenbach, dem so war, „als ob sein Gewissen wie nach einer Ausschweifung Klage führe" (ebd.).

Aschenbachs Tod ist von der Schau des Überschreitens einer Schwelle begleitet:

> „Der Schauende dort saß, wie er einst gesessen, als zuerst,
> von jener Schwelle zurückgesandt, dieser dämmergraue Blick
> dem seinen begegnet war." (139)

Im Kontext des platonischen Hintergrunds lässt sich dieser Passus auch so verstehen, dass die Schwelle den Übergang vom Sinnlichen zum Geistigen bezeichnet und Aschenbach bei seinem Tod zum Schauenden der Uridee wird.

Noch einmal: Dionysos

Dionysos-Vision

Anders als bei den *Phaidros*-Visionen weigert sich Aschenbach zunächst, sich dem Traumgeschehen um den fremden Gott hinzugeben. Er zögert, an dem rasenden Fest des Dionysos teilzunehmen, „schließlich findet jedoch eine Identifikation zwischen der geilen zügellosen dionysischen Rotte und ihm statt" (Ott 1979, S. 94). Höhepunkt des Traumes ist das Erscheinen eines gewaltigen Phallus. Zuvor ertönte bereits der u-Laut, „süß und wild zugleich" (126), der an Tadzio erinnert. Eine „grenzenlose Vermischung begann, dem Gotte zum Opfer. Und seine Seele kostete Unzucht und Raserei des Untergangs" (127.) Dieser Traum habe die „Kultur seines [Aschenbachs] Lebens verheert, vernichtet" (125), so der Erzähler.

Auch in den *Phaidros*-Visionen schwingt im Untergrund die Triebwelt mit. Aber nach dem Dionysos-Traum erkennt Aschenbach endgültig, dass eine „geistige Zeugung" nicht gelingt; er weiß, dass er am Abgrund steht. „Der Umschlag von Eros in Pädagogik ist Illusion und auch das Kunstschöne stets Gefährdung" (Kämper-van den Boogaart 2001, S. 125)

Homosexualität im Kaiserreich (1871–1918)

Um zu verdeutlichen, welches Wagnis darin bestand, das zur Entstehungszeit der Novelle tabuisierte Thema der Homoerotik in ein antikes Gewand zu kleiden, folgt ein kleiner Exkurs zur Situation männlicher Homoerotik in der Zeit Wilhelms II., der von 1888 bis 1914 regierte.

Oscar Wilde

1895 wurde der erfolgreiche, europaweit bekannte irische Dichter Oscar Wilde (1854–1900) wegen Homosexualität angeklagt und in England zu zwei Jahren Zuchthaus mit harter Zwangsarbeit verurteilt. Dadurch gesundheitlich ruiniert, verbrachte Oscar Wilde seine letzten drei Lebensjahre in Paris unter dem Pseudonym Sebastian Melmoth (vgl. dazu S. 106).

Sein Prozess hatte in ganz Europa Aufsehen erregt, und so hatte auch Thomas Mann Kenntnis davon. In der Zeit des Deutschen Reichs unter Kaiser Wilhelm gab es etliche durch vermutete Homosexualität ausgelöste Skandale, so z.B. 1902 den Selbstmord von Friedrich Alfred Krupp, einem Industriellen aus der Krupp-Dynastie, sowie den Prozess eines Freundes des Kaisers, Fürst Philipp zu Eulenburg. Etliche Erpressungen und Selbstmorde waren die Folge des § 175, der in das Strafgesetzbuch des Deutschen Reiches 1871 eingeführt wurde: „Die widernatürliche Unzucht, welche zwischen Personen männlichen Geschlechts oder von Menschen mit Thieren begangen wird, ist mit Gefängnis zu bestrafen; auch kann auf Verlust der bürgerlichen Ehrenrechte erkannt werden." (Zit. nach: Bleibtreu-Ehrenberg 1978, S. 340)

§ 175

In Lübeck, der Geburtsstadt Thomas Manns, wurde erst 1863 die Rechtsordnung der Carolina aufgehoben, die, wenn auch nur noch auf dem Papier, Homosexualität mit dem Tode bestrafte (vgl. Böhm 1991). Es gab jedoch Gegenreaktionen zur Diskriminierung und Bestrafung Homosexueller. Der deutsche Jurist Karl Heinrich Ulrichs (1825–1895) trat bereits 1867 für deren rechtliche Gleichstellung ein. Nach der Reichsgründung 1871 verschärften sich jedoch die entsprechenden Gesetze, Ulrichs ging nach Italien ins Exil.

Der deutsche Arzt und Sexualforscher Magnus Hirschfeld (1868–1935) gründete 1897 in Berlin die Organisation „Wissenschaftlich-humanitäres Komitee" mit dem Ziel, männliche Homosexualität zu entkriminalisieren. Größere öffentliche Bekanntheit erreichte Hirschfeld bereits vor dem Ersten Weltkrieg durch seine gerichtliche Gutachtertätigkeit.

Magnus Hirschfeld

Aufgrund der Tabuisierung der Homosexualität dachte Thomas Mann erst an einen privaten Druck der Novelle in kleiner Auflage, dann erschien ein „Hundertdruck", bevor *Der Tod in Venedig* in der *Neuen Rundschau* erstveröffentlicht wurde.

Verweise im Text

Zu den offenen Verweisen auf homoerotische Symbole und Ikonen gehören, wie bereits erwähnt, der Einbezug der Konzeption des platonischen Eros und entsprechende Anspielungen auf die Kultur der Antike.

Es sind auch etliche weitere verdeckte Bezüge erkenn-

Verdeckte Bezüge zur Homosexualität

105

bar, z. B. der Hinweis auf ein Werk Aschenbachs über Friedrich II., dessen Homosexualität auch Thomas Mann bekannt war (vgl. Kurzke 1999, S. 181). Eine Reise nach Italien galt um 1900 nicht nur als bildungsbürgerliche Notwendigkeit, sondern auch als ein mögliches Zeichen homoerotischen Verlangens (vgl. GKFA, Bd. 2.2, S. 399).

Von Sebastian zu Narziss

Sebastian, ein christlicher Märtyrer

Bilder mit dem Sebastian-Motiv befanden sich in der Zeit Kaiser Wilhelm II. häufig in den Wohnungen Gleichgeschlechtlicher und signalisierten Homosexualität (vgl. Panhuis in het / Potthoff 1999, S. 50).

Der heilige Sebastian, der ein Soldat unter dem römischen Kaiser Diokletian war und zum christlichen Märtyrer wurde, gilt in der katholischen Kirche als zuständig für den Schutz gegen die Pest und andere Epidemien. Er ist zudem Patron der Schützen, der Jäger und der Feuerwehrleute. Diokletian ließ ihn wegen seines christlichen Glaubens bestrafen und mit Pfeilen seinen Körper durchbohren. Sebastian blieb jedoch seinem Glauben treu, so dass er vom Kaiser erschlagen wurde. Seine Leiche wurde – so die Legende – in die Kloaken von Rom geworfen.

Lust und Leiden

Sebastian wurde zu einem beliebten Motiv in der Kunst. Seit der Vorliebe der Renaissance für Aktbilder wird er als spärlich bekleideter Jüngling dargestellt, getroffen von Pfeilen. Im späten 19. Jahrhundert gibt es die ersten Hinweise, dass dieser Heilige zur Ikone männlicher Homosexueller wird. Die Kombination von schönem Körper, Lust und Leiden prädestinierte ihn dazu. Ihm wurde sogar eine sexuelle Beziehung zu Diokletian nachgesagt. So war es kein Zufall, dass sich der Dichter Oscar Wilde nach seinem Gefängnisaufenthalt das Pseudonym „Sebastian Melmoth" gab. (Der Nachname spielt an auf den 1820 erschienenen englischen Schauerroman *Melmoth der Wanderer* von Charles Robert Maturin, ein Großonkel Oscar Wildes.)

Als Thomas Mann sich in Venedig aufhielt, war über Sebastian viel in den Tageszeitungen zu lesen. In Paris gab es zu der Zeit einen großen Skandal. Am 22. Mai 1911 wurde dort das Bühnenwerk *Das Martyrium des Heiligen*

Sebastian, ein Mysterienspiel, uraufgeführt, mit Musik des Komponisten Claude Debussy und Texten des italienischen Dichters Gabriele D'Annunzio. Skandalös waren die Verquickung von religiösen, homoerotischen und masochistischen Elementen sowie die Tatsache, dass die leicht bekleidete Tänzerin Ida Rubinstein den Sebastian gab (vgl. Galvan 2007, S. 270 ff.).

Der Erzähler in *Der Tod in Venedig* zitiert einen Rezensenten des Werks von Aschenbach: „Ein kluger Zergliederer" (23) habe geschrieben, dass der Held Aschenbachs „die Konzeption ‚einer intellektuellen und jünglingshaften Männlichkeit sei, die in stolzer Scham die Zähne aufeinanderbeißt und ruhig dasteht, während ihr Schwerter und Speere durch den Leib gehen'" (23 f.). Dem stimmt der Erzähler mit einer Einschränkung zu: Diese Haltung sei zu ‚passivisch' (24). Anmut im Leiden bedeute eine aktive Leistung, und so ist die Gestalt des Sebastian „das schönste Sinnbild, wenn nicht der Kunst überhaupt, so doch gewiß der in Rede stehenden Kunst" (ebd.), also der Kunst, wie Aschenbach sie zu diesem Zeitpunkt erschafft. Auch hier sind Motive der Qual, des körperlichen Verfalls sowie des nahen Todes mit Selbstüberwindung, Eros und Schönheit gekoppelt. Sebastian wird somit auch zum Sinnbild für den Künstler als Märtyrer.

Märtyrer der Kunst

Der Hinweis auf den leidenden Heiligen wird aufgrund der zunehmenden Passion für Tadzio im weiteren Verlauf des Geschehens durch Bezüge auf heidnische, antike Jünglingsgestalten wie z. B. den Narziss abgelöst. Aber auch die Figur des Dornausziehers legt einen Bezug zum Thema der Homosexualität nahe: Eine Nachbildung der kleinen Statue fand sich nämlich um 1900 öfters in den Wohnungen „gebildeter Homosexueller" (GKFA, Bd. 2.2, S. 426).

August Graf von Platen

Ein weiterer Hinweis ist die Anspielung auf den „schwermütig-enthusiastischen" (39) Dichter August Graf von Platen (1796–1835), der in seinen *Sonetten aus Venedig* der Stadt und in seinem Gedicht „Tristan" dem Komplex Schönheit und Tod huldigt. Dessen berühmt gewordene Anfangszeilen lauten: „Wer die Schönheit angeschaut mit Augen, / Ist dem Tode schon anheim gegeben."

August Graf von Platen

Platens Homosexualität ist durch den Streit mit Heinrich Heine im Jahre 1828 der literarisch bewanderten Öffentlichkeit bekannt geworden. Platen warf Heine dessen jüdische Herkunft vor, worauf Heine in seinem Werk *Bäder von Lucca* Platens Homosexualität outete. Platen zieht nach Italien, flieht vor der Cholera nach Sizilien. Mit 39 Jahren stirbt er dort einsam und alkoholkrank.

Römische Bronzekopie des Dornausziehers aus dem 1. Jh. n. Chr. nach dem verschollenen griechischen Original des 3. Jh.s v. Chr.

Kontroverse Deutungen

→ Thomas Manns Selbstkommentar: Tragödie des Künstlertums; vorausdeutende Darstellung von Gefahren, die zum Faschismus geführt haben
→ Positive zeitgenössische Resonanz, meist aufgrund der bestechenden Form
→ Vielzahl von literaturwissenschaftlichen Deutungen
→ Kontroverse Debatte um Lesarten der homoerotischen Thematik

Vielzahl von Interpretationsmöglichkeiten

Selbstkommentare des Autors

Jahrzehnte nach der Niederschrift der Novelle äußert sich Thomas Mann zu seinem Werk. Der 64-jährige Autor betont, dass die Thematik des Werks „eine Kritik am Künstlertum überhaupt" sei:

> „Der Künstler, dem Sinnlichen verhaftet, kann nicht wirklich würdig werden: diese Grundtendenz bitter melancholischer Skepsis gegen alles Künstlertum kommt in dem nachgeformten Bekenntnis [Platons Dialogen] zum Ausdruck, das ich dem schon vom Tode gezeichneten Helden in den Mund legte." (Mann, *Über mich selbst*, S. 72)

Der junge Autor nennt dagegen in einem Brief vom 14. Oktober 1912 sein Werk „eine richtige Tragödie" (zit. nach: Bahr 2005, S. 124). Und am 7. November 1912 schreibt er: „Was mir vorschwebte, war das Problem der Künstlerwürde, etwas wie die Tragödie des Meistertums" (zit. nach: Ebd., S. 125).

Der Tod in Venedig als Kritik am Künstlertum und als Tragödie

Als Thomas Mann in den USA auf die Novelle angesprochen wurde, betonte er 1938 im Rückblick, dass er in *Der Tod in Venedig* präfaschistische Tendenzen seiner Zeit kritisch integriert habe.

Kritik an präfaschistischen Tendenzen

> „Der Held, Aschenbach, ist ein Künstler-Geist, den aus dem Psychologismus und Relativismus der Jahrhundert-Wende nach einer neuen Schönheit, einer Vereinfachung der Seele, einer neuen Entschlossenheit, nach der Absage an den Abgrund und nach einer neuen menschlichen Würde jenseits der Analyse und selbst der Erkenntnis verlangt." (Ebd., S. 130 f.)

Einspruch gegen
den Vorwurf der
Amoral

In einem Brief im Jahre 1954 nimmt Thomas Mann noch einmal Stellung zu der Kritik, dass sein Werk unmoralisch sei:

> „Die Verfallenheit Aschenbachs an den Knaben [...] ist nicht ordinäres Begehren, sondern Berauschtheit durch das Schöne [...]. Er [*Der Tod in Venedig*] ist sogar bis zur Askese verantwortungsbewußt. Aber wenn die Würde der Kunst und des Künstlers darin preisgegeben ist, so mögen Sie erwägen, ob es nicht diese gewissenhafte Preisgabe ist, durch die der Künstler seine Würde zurückgewinnt." (Zit. nach: Ebd., S. 134 f.)

Zeitgenössische Wirkung

Erfolg der Novelle

Die Literaturkritik reagiert recht enthusiastisch auf die Novelle *Der Tod in Venedig*. Beim Publikum ist sie ein voller Erfolg. Positiv hervorgehoben werden insbesondere eher formale Elemente wie das Meisterliche der Sprache. Aber es gibt auch wenige Stimmen der negativen Kritik. Diese gelten dem Thema der Homoerotik. So schreibt der Theaterkritiker Alfred Kerr, dass durch diese „literarische Fleißarbeit" Päderastie „annehmbar für den gebildeten Mittelstand gemacht" (zit. nach: Bahr 2005, S. 141) sei. Auch wird mitunter der Bezug zur Antike als Bildungshuberei, als ,Vorliebe für Repräsentation' getadelt (vgl. etwa ebd., S. 144).

Debatten in der Forschung

Biografische Sicht

Thomas Mann als
Klassiker

Dabei steht die Intention Thomas Manns, sich selbst mit der Novelle zum Klassiker ähnlich wie Aschenbach, zum für seine Zeit repräsentativen Schriftsteller zu erheben, im Vordergrund (vgl. etwa Jahraus 2009, S. 226 f., Lörke 2012, S. 33).

Sozialgeschichtlicher Zugang

Aschenbachs Selbstdisziplin wird als Ausdruck des protestantischen Leistungsethos verstanden, das der Soziologe Max Weber (1864–1920) in seiner Studie *Die protestantische Ethik und der Geist des Kapitalismus* (1904/05) darlegt. Askese sei notwendig, damit der Einzelne dem rational organisierten Erwerbsleben dienlich ist. Alle Lebensaspekte werden dem Arbeitsleben untergeordnet. Aschenbach, von schwächlicher körperlicher Konstitution, ertüchtigt seinen Körper z. B. mit kalten Wassergüssen am Morgen (vgl. 22).

Vorrang des Arbeitslebens und Unterdrückung der Lüste

Lust und Genuss gelten in dieser Moral als unnütze Zeitverschwendung. So hat auch Aschenbach vor seiner Reise „niemals den Müßiggang" (20) kennengelernt: Thomas Mann zeichnet ihn als paradigmatisch modernen Menschen, der seinen Leib dem Zivilisationsprozess und der kapitalistischen Leistungsgesellschaft opfert (vgl. Lörke 2012, S. 32). So heißt es in der Novelle: „Gustav Aschenbach war der Dichter all jener, die am Rande der Erschöpfung arbeiten" (25).

Eine weitere sozialhistorische Perspektive konzentriert sich auf die in der Novelle möglicherweise enthaltene Kritik des Kolonialismus. Ehrhard Bahr geht davon aus, dass der homoerotische Blick ein kolonialer Blick mit der Möglichkeit einer imperialistischen Inbesitznahme sei, da Tadzio aus Polen stamme, einem Land, das seit der Teilung 1795 kolonial verwaltet wurde: „Der Knabe ist der koloniale ‚Andere', von dem er [Aschenbach] visuell Besitz ergreifen kann, ohne ihn fragen zu müssen." (Bahr 2005, S. 183) In der Novelle seien Motive aus dem Blickwinkel des Kolonialismus und des Orientalismus, also einer auf Europa zentrierten Sichtweise, die sich dem „Osten" überlegen fühlt, verwendet.

Auseinandersetzung mit dem Kolonialismus

Marxistische Perspektive

Die marxistische Sichtweise begreift die Novelle als Vorausdeutung auf faschistische Strukturen. Aschenbachs preußische Haltung gilt dem Literaturkritiker Georg Lukács (1885–1971) als Fassade, die bei der kleinsten Irritation zusammenbrechen muss. Das Werk sei eine „Kritik der inneren Verpreußung der ganzen deutschen Intelligenz" (zit. nach: Bahr 2005, S. 168). Unter der Fassade wilhelminischer Zivilisation zeige sich die abgründige Instinktwelt, die schon bei kleineren Konflikten an die Oberfläche kommt und faschistische Strukturen of-

Kritik an der „Verpreußung" der deutschen Elite

fenlegt. Dies bestätigt Jahre später auch Thomas Mann selbst (siehe Bahr 2005, S. 133 f.).

Kulturkritische Sichtweise

Stabilisierung konventioneller Normen

> „*Der Tod in Venedig* ist ein Metatext seiner Epoche: Er funktionalisiert eine der ideologischen Grundlagen der Frühen Moderne als Referenzsystem, Nietzsches philosophisches Konstrukt des Apollinisch-Dionysischen, um vor diesem Hintergrund die zentralen Problemkonstellationen des Literatursystems zu verdichten und sie letztlich durch die befremdende Fallgeschichte seiner Figur der Lächerlichkeit preiszugeben. Damit erfüllt der Text eine soziale Funktion: Er konsolidiert das durch die literarischen Abweichlerfiguren der Frühen Moderne in Frage gestellte bürgerliche Normen- und Wertesystem." (Nies 2012, S. 15 f.)

Bereits im ersten Satz der Novelle klingt an, dass die bürgerliche Kultur („eine so gefahrdrohende Miene", 9) bedroht ist. Doch am Ende ist die Würde wiederhergestellt. Im letzten Satz geschieht die bürgerliche Ehrenrettung des toten Aschenbach nach seinem Abenteuer. An einem zu Tode kranken Ort werde der zeitgenössische Lebenshunger „mit einem davon infizierten Autorkonstrukt namens ‚Gustav von Aschenbach' beerdigt" (ebd., S. 20).

Die Novelle richtet sich aber auch gegen enge Rationalität und Tabuisierung körperlicher Bedürfnisse:

> „Aschenbachs dichtender Leib agiert die Bedürfnisse einer Poetik der Moderne aus, die sich mit der zivilisatorischen Unterdrückung der Triebe nicht zufrieden geben will und die kreatürlichen Bedürfnisse den intellektuellen gleichrangig zur Seite stellt." (Lörke 2012, S. 35)

Aschenbachs Tod: keine Bestrafung

Aschenbachs Tod wird lediglich konstatiert. Von Reue ist nicht die Rede. So bedarf es auch keiner göttlichen Erlösung, und der Tod braucht nicht als Strafe für die Ausschweifung angesehen zu werden (vgl. Blamberger 2014, S. 45). Mit dieser Auslegung wird dem Werk eine kulturkritische Haltung zugesprochen.

Aktualisierung des Mythos

> „So steht im heimlichen Zentrum des Textes der kognitive
> Erkenntnisprozess des Sterben-Müssens – als einer
> ‚Heimsuchung' des noch Lebenden, dem sich in der Folge
> seines Niedergangs die Welt auf ambivalente Weise
> verdoppelt" (Blödorn 2011, S. 71).

Nach dieser Sichtweise besteht das Moderne des Textes darin, dass das Metaphysische zum „Diffus-Numinosen" degradiert worden sei. Die Aktualität der Novelle gründe in der „Ambiguisierung der Realitätswahrnehmung", also in Doppeldeutigem, in der Thematik der Täuschung und des Scheins der Individualität und damit dem Misstrauen gegenüber einer individuellen Figurensicht (vgl. ebd., S. 72).

Modernität aufgrund nicht eindeutiger Ebenen der Wirklichkeit

Poetologischer Ansatz

Das Verhältnis von Körper, Schreiben und Text ist ein Thema moderner Poetik, damit also auch die Frage nach dem Verhältnis von Körper, Schreiben und Begehren von Aschenbach (vgl. Lörke 2012, S. 29). Das Begehren Aschenbachs ist das Resultat seiner asketischen Lebensführung und seiner defizitären Poetik (d. h. er schreibt also aus einem Mangel heraus). Doch Aschenbach erkennt zunehmend, dass seinem Werk gerade aufgrund der Selbstdisziplin, die eine Triebunterdrückung zur Folge hat, die emotionale Basis fehlt und es so erstarrt. Damit kann als zentraler Gegenstand des Werks eine Reflexion über die Kunst des Erzählens angenommen werden.

Verhältnis von Sehnsucht und Schreiben

Deutungen der „Knabenliebe"

An diesem Punkt entzünden sich mannigfache Kontroversen. Primär geht es um die Frage, ob die in der Novelle dargestellte „Knabenliebe" bzw. Homoerotik nur als Bild zu verstehen ist oder ob der Text als einer der ersten in der deutschen Literaturgeschichte die tabuisierte Sexualität thematisiert. Dabei stehen sich vor allem drei Interpretationsmodelle gegenüber.

Deutung als Bild
Die Homoerotik steht für all die durch die moderne Leistungsgesellschaft unterdrückten Triebe: „Für das Verbo-

tene, für das kulturell Ausgegrenzte – die Triebe und Emotionen – findet Thomas Mann ein eindringliches Bild, um das skandalöse Begehren greifbar zu machen." (Lörke 2012, S. 37)

Betonung der negativen Darstellung der Homoerotik

Der Erzähler denunziert die Begierde des alternden Künstlers. So will er z. B. Aschenbachs anderthalb Seiten glanzvoller Prosa von den vielleicht erniedrigenden „Entstehungsbedingungen" trennen. Hamacher (2012) fasst die Haltung des Erzählers als „Homophobie" (S. 44; d h. als Angst vor Homosexualität und darauf begründeter Ablehnung) und als daraus resultierende „Verschleierungstaktik" (S. 45) zusammen. Er vermutet, dass der Inhalt der anderthalb Seiten, der im Text nicht genau benannt wird, eine homosexuelle Thematik habe (vgl. ebd.). Auch durch die Kopplung von Cholera und Homoerotik, von Tod und Knabenliebe werde das Negative dieser Passion betont.

Deutung als „Camouflage"

Das Ende der Tarnung

Heinrich Detering (2013) vergleicht die Künstlernovelle mit früheren Erzählungen Thomas Manns wie etwa *Tonio Kröger* und kommt zu dem Ergebnis, dass mit *Der Tod in Venedig* das Ende der „Camouflage", der Tarnung und des Versteckspiels, bezüglich der homoerotischen Thematik erreicht sei (vgl. S. 320). Für die zeitgenössischen Leser jedoch bestand die Tarnung. Deshalb hält Hamacher (2012, S. 45) dagegen:

> „Das ‚Outing' offenzulegen, war in diesem Fall die perfekte Tarnung. Was so offensichtlich an der Oberfläche lag, konnte nicht das Eigentliche sein, das in der Klassizität, der platonischen Schönheitslehre und dem tragischen Ausgang gesehen wurde."

Die Offenheit des Textes bewirkt Vielzahl an Interpretationsmöglichkeiten

Alle vorgenannten unterschiedlichen Ansätze greifen Teilelemente des komplexen Werks auf. Angesichts der Dichte des Textes bei gleichzeitiger Offenheit sind unterschiedliche Zugänge unausweichlich.

Künstlerische Rezeption

→ Literarische Werke wie z. B. Wolfgang Koeppens Roman *Der Tod in Rom* (1954) → Zeichnungen und Gemälde → Verfilmung Viscontis (1971) mit zahlreichen Veränderungen des Textes → Oper *Death in Venice* von Benjamin Britten (1973) → Ballett von John Neumeier (2003) → Zwei Bühnenfassungen	Vielfältige künstlerische Bearbeitungen

Der Tod in Venedig hat zahlreiche Künstler dazu inspiriert, Motive des Werks in verschiedenen Kunstgattungen zu bearbeiten. Anlässlich des hundertjährigen Jubiläums der Novelle (2012) wurden im Buddenbrookhaus in Lübeck etwa zweihundert Gemälde und Zeichnungen unter dem Titel *Wollust des Untergangs* ausgestellt, die sich auf den Text beziehen.

Aber auch in der Literatur wurden bis heute zentrale Motive der Novelle rezipiert. Exemplarisch können an dieser Stelle nur einer der Nachkriegsromane von Wolfgang Koeppen, *Der Tod in Rom* (1954), Gedichte wie *Die Erdbeeren in Venedig* von Jürgen Theobaldy (1974) sowie die Episode „HELGE geht was spazieren" in dem Roman *Ein paar Leute suchen das Glück und lachen sich tot* (1997) von Sibylle Berg aufgezählt werden.

> Bearbeitungen in allen Kunstgattungen

Verfilmung

Was die weitere Breitenwirkung des Textes angeht, so ist an erster Stelle die Verfilmung durch den italienischen Regisseur Luchino Visconti (1906–1976) mit Dirk Bogarde in der Hauptrolle zu nennen. Visconti hat jedoch entscheidende Elemente gegenüber der Vorlage geändert:

– Umgestaltung der Hauptfigur: Aschenbach als erfolgloser und in einer Krise befindlicher Komponist, angelehnt an Gustav Mahler, dessen 3. und 5. Sinfonie im Film eine wesentliche Rolle spielen
– Einführung eines die ästhetische Gegenposition zu Aschenbach vertretenden Freundes, des Dirigenten

> Viscontis *Death in Venice* (1971) und die Folgen

Alfried, mit dem der Künstler kurze, emotionale Gespräche über Art und Sinn von Kunst führt (Alfried: „Kunst muss mehrdeutig sein")
- Fehlen des Beginns der Handlung in München und auf der Adria-Insel, der Visionen und des Traums vom fremden Gott; Veranschaulichung von Aschenbachs Passion durch eine Vielzahl von Blicken, Blickwechseln und Körperhaltungen
- Eigengewicht der Musik Mahlers und lange Einstellungen zur Verdichtung der Atmosphäre
- Darstellung eines Teils der Gedanken und Gefühlswelt Aschenbachs durch Rückblenden
- Reduktion der sprachlichen Anteile
- Ergänzung durch einige Episoden in Rückblenden wie etwa die Esmeralda-Geschichte aus Manns Roman *Dr. Faustus* (1949) und durch authentische Aspekte aus Mahlers Leben wie den Tod der Tochter

Esmeralda

Esmeralda heißt in Thomas Manns letztem großen Hauptwerk *Dr. Faustus*, in dessen Mittelpunkt der Komponist Adrian Leverkühn steht, eine an Syphilis erkrankte Prostituierte, bei der sich der Komponist infiziert. Die todbringende Infektion führt zur Steigerung der künstlerischen Produktivität. „Esmeralda" wird leitmotivisch in Viscontis Verfilmung verwendet, und zwar als Name eines Schmetterlings, als Name einer Prostituierten, die Aschenbach in einem Bordell aufsucht, jedoch schnell verlässt, um sich an ein Klavier zu setzen (diese Episode soll einem Bordell-Besuch Nietzsches nachgebildet sein) sowie als Name des rußigen Schiffes, das Aschenbach nach Venedig bringt.

Neben Mahlers Musik erklingt im Film Beethovens Klavierstück „Für Elise", zum einen bei Aschenbachs Besuch von Esmeralda im Bordell, zum anderen spielt Tadzio in der Hotelhalle einige Takte des Stücks.
Von Gustav Mahlers Tod hat Thomas Mann während seiner Reise erfahren (vgl. S. 11). Auch hat er – wie bereits erwähnt – Aschenbach Züge dieses Komponisten verliehen. Zuvor hat er die Uraufführung der 8. Sinfonie Mahlers gehört und war fasziniert.

Gustav Mahler

Mahlers Musik hat bei Visconti eine viel gewichtigere

Funktion als die oft übliche Filmmusik. Sie dient meist dem verdichteten Ausdruck von Aschenbachs Sehnsucht. So ertönt z. B. zu Beginn des Films das langsame „Adagietto" aus der 5. Sinfonie. Als Aschenbach durch Tadzio zu eigenen Kompositionen inspiriert wird, erklingt das sehr langsame „Misterioso" aus dem 4. Satz der 3. Sinfonie. Hier singt eine Altstimme düster Nietzsches „Nachtwandler-Lied" aus dessen Werk *Also sprach Zarathustra*. Die Schlussverse lauten passend zu Aschenbachs Problematik: „Doch alle Lust will Ewigkeit –, / – will tiefe, tiefe Ewigkeit."

Der mehrfach preisgekrönte Film erhielt ganz unterschiedliche Kritiken – von enthusiastischer Bewertung bis hin zu vernichtenden Stimmen. Die Kontroverse entzündete sich an dem selbstständigen Zugang zur Novelle. Diskutiert wurde auch, ob bzw. inwiefern Literatur überhaupt verfilmt werden kann, da im vorliegenden Fall die Problematik einer filmischen Umsetzung der Einschübe des auktorialen Erzählers sowie der Träume und Visionen Aschenbachs auf der Hand liegt.

Einerseits wurde Viscontis Werk als kongeniale Transformation in das Medium Film sowie als eigenständiges künstlerisches Werk gefeiert. Des Weiteren wurden die atmosphärische Gestaltung des Morbiden und die Kombination von visuellen und musikalischen Elementen sowie die Veränderung Aschenbachs in einen Komponisten aufgrund filmischer Erfordernisse positiv hervorgehoben.

Kontroverse Filmkritiken

Andererseits trafen diese Veränderungen auch auf scharfe Kritik. So etwa beklagt z. B. Terence J. Reed neben dem Wegfall zahlreicher Leitmotive die nicht naive Darstellung des Tadzio sowie insbesondere den Mangel an Ironie:

> „Schon der für die ‚sittliche Fabel' unentbehrliche kanonische Status Aschenbachs geht verloren. Der Komponist […] wird von einem hinzuerfundenen Freund in einer in jedem Sinn peinlichen Szene angeschrien, sein Werk wird bei einer Aufführung in seiner Gegenwart ausgepfiffen. Aber ohne den anfänglich unzweifelbaren künstlerisch-gesellschaftlichen Rang Aschenbachs verliert sein Fall die für die Novelle konstitutive Ironie." (GKFA, Bd. 2.2, S. 173 f.)

Oper

Viscontis Verfilmung und die Thematik haben den englischen Komponisten Benjamin Britten (1913–1976) zu der 1973 uraufgeführten Oper *Death in Venice* inspiriert. Tadzio, seine Familie und sein Freund Jaschu sind als stumme Tänzerrollen konzipiert. Die verschiedenen Todesboten werden von einem einzigen Bassbariton dargestellt. Die Götter Apoll (Countertenor) und Dionysos (Bassbariton) hat der Komponist als Stimmen hinzugefügt. Der homosexuelle Britten wollte seine letzte Oper, die er während seiner schweren Herzerkrankung komponierte, „als die Erzählung des eigenen Lebens" verstanden wissen (Programmheft der Deutschen Oper am Rhein, Düsseldorf 2014, S. 12).

Götterstimmen

Ballett

Totentanz

Frei nach der Novelle hat der US-amerikanische Choreograf John Neumeier (geb. 1942; seit 1973 Ballettdirektor und Chefchoreograf an der Staatsoper in Hamburg) das Ballett *Tod in Venedig. Ein Totentanz* konzipiert (Uraufführung 2003), und zwar mit Musik von Johann Sebastian Bach und Richard Wagner.

Aschenbach figuriert darin als Choreograf, der an einem Ballett über den preußischen König Friedrich II. arbeitet. Mit der Gegenüberstellung der Musik von Bach und Wagner sollen die Prinzipien des Apollinischen und des Dionysischen musikalisch umgesetzt werden.

Dramatisierungen

Zwei Theaterfassungen

Bislang gibt es zwei Bearbeitungen des Stoffes für die Theaterbühne. Michael Wallner hat anlässlich des 50. Todestags von Thomas Mann 2006 eine Bühnenfassung erarbeitet. Zudem ist an der Schaubühne Berlin eine Fassung des Stoffes von Maja Zade und Thomas Ostermeier 2014 uraufgeführt worden, die Motive der Novelle mit Friedrich Rückerts *Kindertotenliedern*, vertont durch Gustav Mahler, kombiniert.

Literaturhinweise (Auswahl)

Werkausgaben

Mann, Thomas: Der Tod in Venedig. 24. Aufl. Frankfurt a. M.: Fischer Taschenbuch Verlag 2013.

Mann, Thomas: Der Tod in Venedig. In: Frühe Erzählungen 1893–1912. Hrsg. und textkritisch durchgesehen von Terence J. Reed. Große kommentierte Frankfurter Ausgabe. Bd. 2.1. Frankfurt a. M.: S. Fischer 2004. S. 501–592. Bd. 2.2: Kommentar von Terence J. Reed unter Mitarbeit von Malte Herwig. S. 360–507. Bd. 21: Briefe I. 1889–1913. Hrsg. von Thomas Sprecher, Hans R. Vaget [u. a.]. 2. Aufl. 2002. [Alle Bde. zit. als GKFA.]

Mann, Thomas: Über mich selbst. Autobiographische Schriften. 6. Aufl. Frankfurt a. M.: Fischer Taschenbuch Verlag 2010.

Nietzsche, Friedrich: Die Geburt der Tragödie aus dem Geist der Musik. in: Kritische Studienausgabe. Bd. 1. Hrsg. von G. Colli und M. Montinari. München: Deutscher Taschenbuch Verlag 1988.

Platon: Symposion. In: Sämtliche Werke. Bd. 2. Hamburg: Rowohlt 1957.

Sekundärliteratur

Zu *Der Tod in Venedig*

Bahr, Ehrhard: Erläuterungen und Dokumente – Thomas Mann: *Der Tod in Venedig*. Stuttgart: Reclam 2005.

Baron, Frank / Sautermeister, Gert: Thomas Mann, *Der Tod in Venedig* – Wirklichkeit, Dichtung, Mythos. Lübeck: Schmidt Römhild 2003.

Bleibtreu-Ehrenberg, Gisela: Tabu Homosexualität – Die Geschichte eines Vorurteils. Frankfurt a. M.: Fischer 1978.

Blamberger, Günter: Kippfiguren – Thomas Manns Todesbilder. In: Auf schwankendem Grund – Dekadenz und Tod im Venedig der Moderne. Hrsg. von Sabine Meine [u. a.]. Paderborn: Wilhelm Fink 2014. S. 37–47.

Blödorn, Andreas: „Wer den Tod angeschaut mit Augen" – Phantastisches im *Tod in Venedig*? In: Thomas Mann Jahrbuch 24 (2011) S. 57–72.

Blödorn, Andreas: Tödliche Verschiebung der Perspektiven – Das Unheimliche im *Tod in Venedig*. In: Holger Pils / Kerstin Klein: Wollust des Untergangs. Göttingen: Wallstein 2012. S. 22–28.

Böhm, Karl Werner: Zwischen Selbstzucht und Verlangen – Thomas Mann und das Stigma der Homosexualität. Würzburg: Königshausen und Neumann 1991.

Brune, Carlo: In leisem Schwanken. In: Tim Loerke / Christian Müller: Vom Nutzen und Nachteil der Theorie für die Lektüre: Das Werk Thomas Manns im Lichte neuer Literaturtheorien. Würzburg: Königshausen und Neumann 2006. S. 22–47.

Consbruch, Benita von: Der Wille zum Schweren – Künstlerprofile in den frühen Erzählungen Thomas Manns. Marburg: Tectum 2010. S. 85–116.

Detering, Heinrich: Das offene Geheimnis – Zur literarischen Produktivität eines Tabus von Winckelmann bis zu Thomas Mann. Göttingen: Wallstein 2013.

Feulner, Gabriele: Inszenierungen des Künstlertums im Werk von Thomas Mann. In: Mythos Künstler – Konstruktionen und Destruktionen in der deutschsprachigen Prosa des 20. Jahrhunderts. Berlin: Erich Schmidt 2010. S. 41–132.

Feustel, Gotthard: Die andere Liebe. Leipzig: Edition Leipzig 1995.

Frizen, Werner: *Der Tod in Venedig*. 2., überarb. Aufl. München: Oldenbourg 1997.

Galvan, Elisabeth: Aschenbachs letztes Werk. in: Thomas Mann Jahrbuch 26 (2007) S. 270–285.

Hamacher, Bernd: Ein „großes und brennendes Problem der Kultur und des Geschmackes" – Schreiben und Schweigen – Über die Dezenz Aschenbachs, seines Erzählers und seines Autors. In: Holger Pils / Kerstin Klein: Wollust des Untergangs. Göttingen: Wallstein 2012. S. 38–46.

Jahraus, Oliver: Die Geburt des Klassikers aus dem Tod der Figur. Autorschaft diesseits und jenseits des Textes *Der Tod in Venedig* von Thomas Mann. In: Michael Ansel / Hans-Edwin Friedrich / Gerhard Lauer (Hrsg.): Die Erfindung des Schriftstellers Thomas Mann. Berlin / New York: De Gruyter 2009. S. 219–235.

Kämper-van den Boogaart, Michael: Thomas Mann für die Schule (Lernmaterialien). Berlin: Volk und Wissen 2001.

Lämmert, Eberhard: Doppelte Optik – Über die Erzählkunst des frühen Thomas Mann. In: Karl Rüdiger (Hrsg.): Literatur – Sprache – Gesellschaft. München: Bayerischer Schulbuchverlag 1970. S. 50–72.

Lörke, Tim: Der dichtende Leib – Gustav von Aschenbach, *Der Tod in Venedig*, und die Poetik des Körpers. In: Holger Pils / Kerstin Klein: Wollust des Untergangs. Göttingen: Wallenstein 2012. S. 29–37.

Martínez, Matías: Doppelte Welten – Struktur und Sinn zweideutigen Erzählens. Göttingen: Vandenhoeck & Ruprecht 1996.

Nies, Martin: „Die unwahrscheinlichste der Städte"– Raum als Zeichen in Thomas Manns *Der Tod in Venedig*. In: Holger Pils / Kerstin Klein: Wollust des Untergangs: 100 Jahre Thomas Manns *Der Tod in Venedig*. Göttingen: Wallstein 2012. S. 10–21.

Ott, Volker: Homotropie und die Figur des Homotropen in der Literatur des 20. Jahrhunderts. Frankfurt a. M.: Peter D. Lang 1979.

Panhuis in het, Erwin / Potthoff, Herbert: St. Sebastian oder Die schwule Kunst zu leiden. Publikation des Centrums schwule Geschichte. Köln 1999.

Pils, Holger / Klein, Kerstin: Wollust des Untergangs – 100 Jahre Thomas Manns *Der Tod in Venedig*. Katalog zur Ausstellung im Buddenbrookhaus Lübeck 2012. Göttingen: Wallstein 2012.

Rütten, Thomas: Neues zur Cholera in Thomas Manns *Tod in Venedig*. In: Auf schwankendem Grund – Dekadenz und Tod im Venedig der Moderne. Hrsg. von Sabine Meine [u. a.]. Paderborn: Wilhelm Fink 2014. S. 71–112.

Sparenberg, Tim: Feuer, Asche und Verschwendung – Die Müdigkeit und die „kluge Verwaltung" der ästhetischen Kraft in Thomas Manns Erzählungen *Der Tod in Venedig* und *Schwere Stunde*. in: Thomas Mann Jahrbuch 26 (2007) S. 95–133.

Zu Aspekten des Gesamtwerks von Thomas Mann

Karthaus, Ulrich: Literaturwissen Thomas Mann. Stuttgart: Reclam 1994.

Koopmann, Helmut (Hrsg.): Thomas-Mann-Handbuch. 3. Aufl. Stuttgart: Alfred Kröner Verlag 2001.

Kurzke, Hermann: Thomas Mann – Das Leben als Kunstwerk. Eine Biografie. München: Fischer 1999.

Ridley, Hugh / Vogt, Jochen: Thomas Mann. Paderborn: UTB 2009.

Prüfungsaufgaben und Lösungen

1 Ankunft im Hotel

2 Dionysos-Traum

3 Kunst und Eros

4 Entwicklung Aschenbachs

5 Venedig

6 Das Schöne

7 Aktualität des Werks?

8 Kritik am Meister

I Ankunft im Hotel

Textgrundlage

Thomas Mann: *Der Tod in Venedig*, S. 47 („Er betrat das weitläufige Hotel…") bis S. 49 („…ins Erdgeschoß hinunterfahren")

Aufgabenstellung

1. Fassen Sie den Textauszug im Kontext des Werks zusammen.
2. Analysieren Sie Aufbau, Sprache und Stil dieses Auszugs und legen Sie die Funktion der Darstellung in inhaltlicher und formaler Hinsicht im Gesamtzusammenhang der Novelle dar.

Lösung

Zu 1.

Der vorliegende Textauszug schildert, wie Gustav von Aschenbach in Venedig sein Hotelzimmer bezieht. Da sein Werk auf der Basis lebenslang ausgeübter großer Selbstdisziplin beruhte, drohte seine schöpferische Arbeit zu erstarren. In dieser künstlerischen Krisensituation begegnete Aschenbach einige Wochen vor der Ankunft in Venedig auf einem Friedhof in seinem Heimatort München einem mysteriös und fremdländisch wirkenden Wanderer, der in ihm die Sehnsucht weckte, in den Süden zu reisen, um dort neue Energie zu gewinnen. Kurz darauf wurde der alternde und einsame Schriftsteller von der Fantasie einer tropischen Landschaft mit einem gefährlichen Tiger überwältigt. Er entschloss sich, zu einem südlichen Badeort zu fahren. Nach dem Umweg über einen Inselaufenthalt in der Adria, der ihm nicht behagte, fuhr er mit dem Schiff nach Venedig. Auf dieser Reise begegneten ihm weitere merkwürdige und zwielichtige Gestalten wie der geschminkte und aufgeputzte Alte, der ihm zum Abschied Grüße an ein Liebchen auftrug, und ein gaunerischer Gondoliere, der ihn zum Lido, auf dem Aschenbachs Hotel liegt, brachte. Bei der Ankunft im Grandhotel wird Aschenbach von den Angestellten ehrerbietig begrüßt und vom formgewandten Manager zu seinem Zimmer geleitet. Das Zimmer ist mit Blumen geschmückt, angenehm möbliert und hat hohe Fenster, die einen Blick auf das offene Meer bieten. Aschenbach tritt an eines der Fenster und blickt auf den leeren Strand und das graue Meer. Es herrscht gerade Flut.

Eine Reflexion über die unterschiedliche Art der Wahrnehmungen bei einsamen und geselligen Personen betont, dass die Wahrnehmung des Einsamen oft befremdlicher, intensiver, abseitiger, absurder und trauriger sei. So ist Aschenbach aufgrund seiner merkwürdigen Reiseerlebnisse verstört. In dieser Verwirrung kann er jedoch auch Freude über seinen Aufenthalt in Venedig und am Meer empfinden. Er macht sich frisch und lässt sich mit dem Lift ins Erdgeschoss fahren.

Der Textauszug stellt die Situation Aschenbachs kurz vor seiner ersten Begegnung mit dem anmutigen Tadzio dar. Der Schöne, zunächst das Schöne im Allgemeinen, wird zur Passion Aschenbachs. Der bislang die preußischen Ideale lebende Autor verkehrt sich in sein Gegenteil, er verliert Würde und Selbstkontrolle, am Ende auch sein Leben.

Zu 2.

Der Textauszug lässt sich in drei Abschnitte gliedern. Die mittig auftretende Reflexion wird jeweils umrahmt vom Geschehen der Ankunft im Hotel bzw. des Beziehens des Zimmers. Die beiden Rahmen sind aus der personalen Perspektive erzählt, geben also eindeutig nur die Sichtweise Aschenbachs wieder. Die Reflexion dagegen kann die Sicht des auktorialen Erzählers spiegeln oder aus personaler Sicht die Gedanken des Schriftstellers beinhalten. In jedem Falle besteht die Funktion dieser Passage darin, Aschenbachs Problematik des einsamen Künstlers auf eine allgemeine Ebene zu heben, als überindividuelles Thema darzustellen. Die Vermischung der Erzählhaltungen ist typisch für die Novelle. Insgesamt erscheint so die Thematik des Künstlertums als eine Frage von allgemeinem Interesse.

Die Atmosphäre des Grandhotels wird sowohl durch verschiedene Adjektive („weitläufig", „groß") als auch durch kosmopolitisches Flair unterstreichende Vokabeln (z. B. „Office") deutlich. Die Schilderung der Emsigkeit des Hotelpersonals hat einen ironischen Unterton (z. B. durch die Lautung von „kleiner, leiser, schmeichelnd höflicher Mann"). Soziale Hierarchien im großbürgerlichen Umfeld zeigen sich durch unpersönliche Wendungen („während man hinter ihm sein Gepäck hereinschaffte"). Aschenbachs Beunruhigung wird durch den Neologismus „grundsonderbar" unterstrichen. Seine innere Einsamkeit spiegelt sich sowohl in dem „menschenarmen" Strand, dem Grau des Himmels und des Meeres als auch durch sozial normierte Ansprachen der Angestellten (z. B. „traf gegen das Zimmermädchen einige Anordnungen"). Zeichen seines hohen Stils sind etwa ein seltenes Adjektiv wie „unbesonnt" und der komplexe hypotaktische Satzbau.

Der erste Absatz wird von zwei relativ kurzen Satzgefügen eingeleitet. Als Aschenbach seinen Blick auf das Meer richtet, werden die Hypotaxen komplexer, aber auch harmonischer, ähnlich dem ruhigen „Gleichtakt" der Wellen. Die Irritation des Einsamen wird ebenfalls durch den Satzbau und die rhetorischen Figuren unterstrichen, z. B. durch asyndetische Reihungen, Parallelismen und Anaphern.

Der Textauszug ist durch die Einbettung von Leitmotiven mit der Struktur der gesamten Novelle verknüpft wie z. B durch die Motive des Meeres und der üppigen Blumen.

II Dionysos-Traum

Textgrundlage

Thomas Mann: *Der Tod in Venedig*, S. 124 („In dieser Nacht hatte er einen furchtbaren Traum") bis S. 127 („Und seine Seele kostete Unzucht und Raserei des Unterganges")

Aufgabenstellung

1. Fassen Sie den Textauszug zusammen.
2. Analysieren Sie ihn in inhaltlicher und formaler Hinsicht. Legen Sie die Funktion des Traums im Kontext des Werks dar.

Lösung

Zu 1.

Aschenbach, in einer Schaffenskrise befindlicher international anerkannter, alternder Autor, reist nach Venedig, um dort neue Energie zu gewinnen. Nach einigen merkwürdigen Begegnungen und der Erfahrung einer grauen, schwülen Stadt trifft er am ersten Tag seines Aufenthalts auf den anmutigen, etwa vierzehn Jahre alten Tadzio. Der Anblick des Schönen weckt ihn ihm zunächst neue Lebenskräfte, er reflektiert antike Theorien des Schönen und fühlt sich erotisch zu Tadzio hingezogen. Es bleibt jedoch beim Blickkontakt. Aschenbach vergeistigt zunächst sein Begehren, indem er sich auf die Ästhetik Platons besinnt. Die Gefahr der Cholera in der Stadt ignoriert er.

Der vorliegende Textauszug schildert einen Traum Aschenbachs, den er nach etlichen Wochen des Verlangens nach Tadzio und im Stadium zunehmenden körperlichen Verfalls träumt. Kurz davor hat Aschenbach sich schuldig gemacht, er hat – trotz besseren Wissens – die Familie von Tadzio nicht vor der Seuche gewarnt.

In diesem Traum offenbart sich die bislang unterdrückte Lust bzw. das lebenslang geknebelte Unbewusste Aschenbachs. Zunächst herrscht im Traum eine nächtliche Atmosphäre von Angst, Lust und Neugier. Krach und Getümmel nähern sich von weit her, ein heulender u-Laut erklingt in dem Getöse. Das hemmungslose Spiel von Flöten wirkt erotisch aufdringlich auf den Träumenden, dem bewusst ist, dass das Erscheinen des fremden Gottes bevorsteht. Das tumultartige Geschehen steigert sich, die Szenerie wird zu einer nördlichen Alpenlandschaft, die an die Gegend um sein Landhaus erinnert. Eine riesige Masse ineinander verschmolzener Leiber von Männern, Frauen und Tieren wälzt sich von einer Höhe hinab. Die Menschen sind urtümlich-nordisch gekleidet, schwingen Fackeln, tragen Dolche und lebendige Schlangen. Sie machen laute Musik zu ihrem orgiastischen Treiben. Auch „glatte Knaben" (126) erscheinen, die mit bekränzten Stäben Böcke aufhetzen, um sich dann von den Tieren mitschleifen zu lassen. Die in Trance Befindlichen rufen außer Sinnen einen u-Laut, der für den träumenden Aschenbach überirdisch klingt. Aber noch mehr reizt ihn der alles beherrschende Flötenton, gegen dessen Lockungen er sich zunächst noch versucht zu wehren. Doch der Lärm steigert sich, Gerüche der Böcke, der ekstatischen Körper und des kranken Venedig kommen hinzu. Aschenbach, zunächst zwischen Zorn und Begierde schwankend, schließt sich der Orgie an. Als ein riesiges Phallus-Symbol erscheint, steigert sich der Wahn der Menge in sexueller und aggressiver Hinsicht. Aschenbach fühlt sich als Teil des orgiastischen Geschehens und genießt den Eindruck von „Unzucht und Raserei des Untergangs" (127). Damit wird – zum wiederholten Male – auf Aschenbachs Tod vorausgedeutet.

Zu 2.
Die Strukturierung der Novelle lässt sich unter anderem durch die Antithetik von Nietzsches Prinzipien des Apollinischen, des Maßvollen, und des Dionysischen begreifen. Dionysische Elemente zeigten sich am Beginn des Werks z. B. in der Charakterisierung der Todesboten, im schwülen Klima der Stadt Venedig und der Vision der tropischen Landschaft. Im Traum kann Aschenbach erstmalig das lustbetonte und zerstörerische Prinzip des Dionysos, des fremden Gottes des Rausches, in seiner ekstatischen Dimension zulassen.

Die sprachliche Gestaltung des Traums spiegelt zunächst sein Zaudern, dann jedoch seine Identifikation mit dem Prinzip des Rausches und der Ent-Individualisierung. Auffällig ist zunächst das Mittel der Lautmalerei, um auch auf akustischer Ebene das orgiastische Getöse zu unterstreichen („tief girrendes Flötenspiel", „Rasseln, Schmettern und ein dumpfes Donnern", 125). Zahlreiche Alliterationen sowie Assonanzen („mit geilen Gebärden und buhlenden Händen", „Qualmige Glut glomm auf", 125), Anaphern und Parallelismen („groß war sein Abscheu, groß seine Furcht, redlich sein Wille", 126), aber auch Wortspiele („mit [...] Tumult und taumelndem Rundtanz", 125) und Aufzählungen verdichten den Eindruck des sich steigernden Chaos. Die Vermischung der Leiber, also einerseits das Aufheben der individuellen Würde und andererseits der Genuss, Teil der ekstatischen Menge zu sein, wird durch entsprechende Adjektive und Nomen sowie durch die Gegensätzliches verknüpfenden Figuren der Paradoxa („grauenhaft süß", 125) und Oxymora („süß und wild zugleich", 126; „lachend und ächzend", 127) veranschaulicht.

Das Traumgeschehen stellt den Gegenpol zur preußischen Zucht des geadelten Staatsdichters dar. Der Bezug zu den antiken Dionysien, den Feiern zu Ehren des Gottes des Rausches (z. B. die Thyrsosstäbe, die Böcke, das Zerfleischen von Tieren, die sexuelle Vermischung) und die Verehrung des Phallus zeigen die ‚Unterwelt' Aschenbachs, den extremen Gegensatz zu seinem Leben in Disziplin und Verdrängung von Gefühlen und Begierden. Der Schauplatz des Traumes ist Aschenbachs „Seele selbst" (124). Entsprechend kritisiert der auktoriale Erzähler den Traum als ‚furchtbar' (ebd.), dessen Geschehnisse Aschenbachs Existenz und die Kultur seines Lebens vernichten (vgl. 125).

Nach diesem Traum ist Aschenbach „kraftlos dem Dämon verfallen" (127). Die Normen großbürgerlichen Daseins werden ihm gleichgültig, er lässt sich beim Friseur verjüngen, läuft orientierungslos Tadzio durch das von der Cholera infizierte Venedig nach und stirbt beim Anblick des Schönen am Strand, der ihn – zumindest scheinbar – in ein mythisches Reich winkt.

III Kunst und Eros

Textgrundlage

Thomas Mann: *Der Tod in Venedig*, S. 86 („Glück des Schriftstellers ist der Gedanke") bis S.88 („wie nach einer Ausschweifung Klage führe ")

Aufgabenstellung

1. Fassen Sie den Textauszug zusammen.
2. Erarbeiten Sie Sprache, Stil und Ironie des Auszugs und setzen Sie die Analyse in Bezug zu seiner Thematik.
3. Legen Sie dar, welche Rolle die Thematik der Kunst in der Novelle innehat.

Lösung

Zu 1.

Der vorliegende Textauszug stellt eine zumindest kurzzeitige Überwindung der Schaffenskrise des alternden Schriftstellers Gustav von Aschenbach dar. Dieser ist nach Venedig gereist, um dort neue Energie zu gewinnen. Am ersten Tag trifft er auf den anmutigen, etwa vierzehnjährigen Tadzio. Der Anblick des Schönen weckt ihn ihm zunächst neue Lebenskräfte. Er reflektiert antike Theorien des Schönen und fühlt sich erotisch zu Tadzio hingezogen. Es bleibt jedoch beim Blickkontakt zwischen dem Älterem und dem viel Jüngeren. Aschenbach vergeistigt zunächst sein Begehren, in dem er sich auf die Ästhetik Platons besinnt. Nach der Erinnerung an einen Dialog zwischen Sokrates und Phaidros, in dem er – nicht ganz im Geiste Platons – die „Schönheit als Weg des Fühlenden zum Geiste" (86) deklariert, wünscht Aschenbach, plötzlich etwas zu schreiben. Inhaltlich ist ihm die neue Produktion eher gleichgültig, sein Verlangen richtet sich mehr auf den Schreibprozess als solchen, und zwar in Gegenwart des geliebten Tadzio. Dessen Körper möchte er zum Muster seiner Schreibweise nehmen. Tadzio am Strand sowie dessen für Aschenbach unverständliche Sprache, die ihm als Musik erscheint, inspirieren den Schriftsteller zur Abfassung einer anderthalb Seiten langen Abhandlung über ein aktuelles Problem „der Kultur und des Geschmackes" (87), die ihn wie nach einem Exzess erschöpft. Für diese kurze Abhandlung wird Aschenbach später öffentlich sehr bewundert. Die anschließende Reflexion über die Rezeption eines Kunstwerks betont, dass es gut sei, wenn das Publikum nichts über die Entstehungsbedingungen eines Werks wisse.

Zu 2.

Unmittelbar nach Aschenbachs Vision des Gesprächs zwischen Phaidros und Sokrates setzt die weitere Reflexion über Kunst mit einem Chiasmus ein. Mit dieser rhetorischen Figur wird die vom Künstler gewünschte Verschränkung von Reflexion und Emotion stilistisch gespiegelt („der Gedanke, der ganz Gefühl, ist das Gefühl, das ganz Gedanke zu werden vermag", 86). Die zunächst als Gegensatz verwendeten Begriffe werden im nächsten Satz in ihrer Antithetik aufgehoben, und zwar durch die Vorschaltung eines Adjektivs, das dem jeweils anderen Bereich zugehört („pulsender Gedanke [...] genaues Gefühl", ebd.). Der dem Eros verfallene Aschenbach wird durch substantivierte Adjektive dargestellt: der Einsame, der Heimgesuchte. Doch die Erregung kann geistig verfeinert werden: Er möchte in Tadzios Gegenwart schreiben, d. h. einen Rausch als „Eros im Worte" (87) empfinden. Es geht ihm also weniger darum, einen Weg in den geistigen Bereich zu finden. Der Vergleich mit Zeus, der den schönen Ganymed entführt, um ihn als Mundschenk und Lustknaben bei sich zu haben, weist in diese Richtung.

Tadzio wird zu Beginn der Begegnung noch als „göttlich" bezeichnet. In diesem Zusammenhang werden jedoch die „Linien seines Körpers" immer wichtiger. Er wird nun eher abfällig zum „Idol" (ebd.), dessen Anblick Aschenbachs ekstatisches Schreiben bewirkt.

Der auktoriale Erzähler unterstützt den ironischen Unterton, indem er auf die Diskrepanz zwischen dem „Adel" der nun entstehenden anderthalb Seiten Prosa und den weniger adligen Entstehungsbedingungen hinweist. Dabei benutzt er – evtl. ironisch zum Schutze Aschenbachs und zur scheinbaren Beschwichtigung des Lesers – eine Art Unsicherheitsformel: „Es ist sicher gut, daß die Welt nur das schöne Werk [...] kennt" (ebd.). Ein erotisches Wortfeld wird hier bis zur letzten Konsequenz durchgespielt: Am Ende ist Aschenbach „erschöpft, ja zerrüttet, und ihm war, als ob sein Gewissen wie nach einer Ausschweifung Klage führe" (ebd.). Auch könnte das Missverhältnis der Produktion eines sehr kleinen Textes von anderthalb Seiten ein ironischer Hinweis darauf sein, dass dem bisherigen Meisterdichter der Sprache nach seiner Schaffenskrise – trotz bzw. gerade wegen immenser Gefühlsaufwallung – nur Weniges gelungen sei.

Zu 3.

Kunst ist das zentrale Thema der Novelle. Nach Thomas Manns Deutung beinhaltet der Text die Tragödie des Künstlers. Jede Art von Kunst kann zum Untergang führen. Die einseitig apollinisch ausgerichtete Kunstproduktion führt zur Erstarrung, die dem dionysischen Bereich verhaftete respektiert keine Normen. Sowohl eine Dominanz der Form als auch eine Ausschweifungen hingegebene Kunst bewirken eine Kunst ohne Moral. Diesem Dilemma entgeht jedoch die Novelle selbst durch Formstrenge, gepaart mit Ironie.

IV Entwicklung Aschenbachs

Textgrundlage

Der Tod in Venedig, S. 20 („Da sein ganzes Wesen auf Ruhm gestellt war") bis S. 21 („nur berufen, nicht eigentlich geboren war") sowie S. 76 f. („Ermüdet, betäubt von dem Wirbel dieses seltsamen Vormittags") bis Ende des dritten Kapitels

Aufgabenstellung

1. Fassen Sie den ersten Textauszug zusammen und erarbeiten Sie die Charakterisierung von Aschenbach.
2. Fassen Sie kurz den zweiten Textauszug zusammen. Legen Sie die Entwicklung Aschenbachs dar, die durch den Vergleich der beiden Textauszüge deutlich wird.

Lösung

Zu 1.

– Inhalt: Ausschnitt aus dem zweiten Kapitel, das in einer Rückschau die Lebensleistung des alternden Künstlers Aschenbach bis zum Moment der Krise darlegt.

– Bereits in der Jugend Aschenbachs gab es Anzeichen seines Strebens nach Ruhm (disziplinierte Arbeit, um Überdurchschnittliches zu leisten; Zeichen dieser Lebenshaltung: geschlossene Faust trotz kränklicher körperlicher Basis; als noch nicht Dreißigjähriger großer Bekanntheitsgrad als Schriftsteller, mit vierzig Jahren international bekannt und vernetzt sowie an ersten Symptomen einer Erschöpfung leidend; großer Erfolg durch seine Werke, die sowohl die breite Masse als auch eine literarisch gebildete Elite ansprechen.

– Andeutung der Gefahr einer inneren Erstarrung durch die strenge Selbstdisziplin und die Betonung der äußeren Pflichten, z.B. „von seinem Schreibtisch aus zu repräsentieren, seinen Ruhm zu verwalten" (20). Aber auch die eigentliche Arbeit, das Schreiben, ist für ihn strapaziös. Durch eine anaphorische, asyndetische Reihung wird Aschenbachs ungeheure Selbstdisziplin schon als Jugendlicher unterstrichen: „[...] hatte er niemals den Müßiggang, niemals die sorglose Fahrlässigkeit der Jugend gekannt." (Ebd.) In den für die Novelle typischen substantivierten Adjektiv-Kombinationen benennt der auktoriale Erzähler die Haltung Aschenbachs mit ironischem Unterton als „das Tapfer-Sittliche", da er sich trotz schwacher Konstitution die schriftstellerische Leistung abringt. Er war „zur ständigen

Anspannung nur berufen, nicht geboren" (21). Die geschlossene Faust, von der ein Freund berichtet, macht das Angespannte bis hin zur Verkrampfung deutlich.

Zu 2.

– Inhalt: Nachdem Aschenbach in Venedig beschlossen hat, wegen des für ihn ungünstigen Klimas die Stadt zu verlassen, wird sein Gepäck irrtümlich vertauscht, so dass er erklärt, erst einmal im Hotel auf dessen Wiedereintreffen zu warten. Als er sich erneut in seinem Zimmer aufhält, sucht er wieder den Blick aus dem Fenster auf das Meer. Nach ungefähr einer Stunde erblickt er Tadzio, und ihm ist sofort bewusst, dass er seinetwegen eigentlich nie aus Venedig abreisen wollte. Beim Anblick des schönen Jungen fühlt er sich lebendig. Zunächst hängen seine Arme entspannt über der Sessellehne, dann drehen und öffnen sie sich: „Es war eine bereitwillig willkommen heißende, gelassen aufnehmende Gebärde." (77)

– Im vorliegenden Textauszug beobachtet Aschenbach das Meer und bemerkt eine Wetterbesserung. Im Laufe des Geschehens entlarvt sich diese Einschätzung als eine seiner Selbsttäuschungen. Im Text ist dies bereits durch das Verb „schien" (76) angezeigt. Im Unterschied zu dem ‚preußischen' Aschenbach vor der Reise in den Süden lässt er nun Langsamkeit und Tagträumerei zu („ruhend und gedankenlos träumend", ebd.) und besitzt Zugang zu seiner emotionalen Basis („und blickte in sich hinein", 77). Er bemerkt beim Anblick des geliebten Jünglings – die Alliteration betont dies noch – „die Begeisterung seines Blutes" (ebd.). Wie aus einer Loge sieht er auf den Strand hinunter und registriert dabei seine eigenen körperlichen Veränderungen: das Erwachen der Gesichtszüge, ein neugieriges Lächeln.

– Insbesondere die Geste am offenen Fenster, zu Tadzio gerichtet, macht die Entwicklung Aschenbachs deutlich. Was zuvor geschlossen, verschlossen war, wird nun geöffnet, und zwar in einer gelassenen Haltung. Die Erstarrung ist von ihm abgefallen, die Mimik belebt sich und er lässt nun Träumerei und Muße zu. Bewirkt hat diese Veränderung die Begegnung mit Tadzio, die Aschenbach zunächst zu Reflexionen über das Wesen des Schönen und dann zunehmend zur erotischen Passion geführt hat. Das Meer, auf das er blickt, ist der ungegliederte Raum und wie der graue Himmel ein Vorgeschmack des Verzichts auf Ordnung und Mäßigung, auf das apollinische Prinzip. Die Auflösung der Identität Aschenbachs zeichnet sich bereits ab.

V Venedig

Textgrundlage

Georg Britting: *Sämtliche Werke*, Bd. 4: *Gedichte 1940 bis 1964*, hrsg. von Ingeborg Schuldt-Britting, München: List, 1996, S. 238

Venedig

Wie schwarze Schwäne gleiten die Kähne hin.
Rauh tönt der Ruf der Gondoliere. Stumm,
In Öl gesotten, glänzt das Kleinzeug
Starriger Fische im Kupferkessel.

5 Venedig glüht im sterbenden Gold. Sein Blut
Verströmt ein altes Wappen im Abendrot.
Die Taschenkrebse der Kanäle
Klettern behende am faulen Holze.

Aufgabenstellung

1. Interpretieren Sie das Gedicht.
2. Setzen Sie dessen Motive in Bezug zu einigen zentralen Themen und Motiven in *Der Tod in Venedig*.

Lösung

Zu 1.

Das 1956 erstveröffentlichte Gedicht „Venedig" von Georg Britting (1891–1964) besteht aus zwei Strophen mit jeweils vier Zeilen. Das Metrum ist unregelmäßig; die ersten beiden Zeilen jeder Strophe weisen lediglich unreine Reime auf. Wenige Motive schildern fast malerisch eine abendliche Atmosphäre an den Kanälen: Gondeln, gesottene Fische, Abendrot, ein Wappen und Taschenkrebse. Außer den Gondoliere zeigt sich kein Mensch in dieser Szenerie. Ein lyrisches Ich ist nicht vorhanden. Das Unheimliche der Abendstimmung zeigt sich auch in dem Vergleich, der durch die Alliteration das Schwarz betont: „Wie schwarze Schwäne" (Z. 1). Durchbrochen wird die Stille von den rauen Rufen der Gondoliere – im Gegensatz dazu sind die kleinen gebratenen Fische stumm. Sie sind „starrig" (Z. 4). Das ungebräuchliche Adjektiv betont den Zustand des Todes – die starrenden Augen – dieses ‚Kleinzeugs'.

Die Beschreibung des Abendrots in der zweiten Strophe unterstreicht die Todesstimmung. Die Stadt „glüht im sterbenden Gold" (Z. 5). Glühen, Brennen und Sterben werden durch die Metapher des sterbenden Golds identisch. Die ersten beiden Zeilen spielen auf das Alter, die vergangene Macht und den verlorenen Reichtum Venedigs an. Das so als Pars pro toto (ein Teil steht für das Ganze) verstandene alte „Wappen", das sein Blut im Abendrot „verströmt", bewirkt eine Verschmelzung der Bereiche des Todes und eines zweifachen Untergangs – der Sonne und Venedigs. Die Farbbereiche „Rot" und „Schwarz" signalisieren ebenfalls Gefahr und Tod, und die Pfähle, auf denen die Stadt erbaut ist, sind aus faulem Holz (Z. 8). Das Morbide, der Verfall der Stadt kontrastiert zu den lebendigen Krebsen, die „behende" an den Pfählen klettern. Die Natur siegt über das sterbende Kunstwerk „Venedig".

Zu 2.

Die morbide Stimmung, die das Gedicht „Venedig" ausstrahlt, findet sich auch als Grundton des Geschehens in Thomas Manns Novelle. Als mögliche Entsprechungen der Motive „Tod" und „Venedig" in der Novelle lassen sich im Einzelnen aufführen:
- Titel,
- Ausgestaltung der Todesboten,
- die todbringende Cholera,
- das Sterben Aschenbachs,
- die Thematik der Ent-Individualisierung, des dionysischen Prinzips
- die Symbolik der Gondeln,
- die Farben „Schwarz" und „Rot" als Signale für Gefahr und Tod.

In beiden Texten sind die Gondoliere raue Gesellen, die eine wenig verständliche und daher bedrohliche Sprache sprechen („Rauh tönt der Ruf der Gondoliere", Z. 2); im Gedicht stehen sie im Zwielicht der Abenddämmerung, in der Novelle treten sie als zwielichtige Gestalten auf. In beiden Fällen figuriert Venedig als sterbende, ehemals mächtige Stadt, in der Novelle als ‚versunkene Königin'.

Auffällige Unterschiede bezüglich dieser Motive in der Novelle:
- Antikisierung des Todesmotivs,
- Kombination von Eros und Tod als Thema,
- menschliche Thematik des Künstlertums.

Im Gedicht klingt das Überleben der Natur an; in der Novelle dienen Naturphänomene wie z. B. das Wetter der jeweiligen Veranschaulichung der zentralen Thematik.

VI Das Schöne

Textgrundlage

August Graf von Platen: *Lyrische Stücke, aus ungedruckten Dramen.* Erstdruck in: *Morgenblatt für gebildete Stände*, 1825, Nr. 218, S. 869

Aus Tristan und Isolde.
Wer die Schönheit angeschaut mit Augen,
  Ist dem Tode schon anheim gegeben,
Wird für keinen Dienst auf Erden taugen,
  Und doch wird er vor dem Tode beben,
5 Wer die Schönheit angeschaut mit Augen.

Ewig währt für ihn der Schmerz der Liebe,
  Denn ein Thor nur kann auf Erden hoffen,
Zu genügen einem solchen Triebe.
  Wen der Pfeil des Schönen je getroffen,
10 Ewig währt für ihn der Schmerz der Liebe!

Was er wünscht, das ist ihm nie geworden,
  Und die Stunden, die das Leben spinnen,
Sind nur Mörder, die gemach ihn morden:
  Was er will, das wird er nie gewinnen,
15 Was er wünscht, das ist ihm nie geworden.

Ach, er möchte wie ein Quell versiechen,
  Jedem Hauch der Luft ein Gift entsaugen,
Und den Tod aus jeder Blume riechen:
  Wer die Schönheit angeschaut mit Augen,
20 Ach, er möchte wie ein Quell versiechen!

Zur Erläuterung: Das Gedicht sollte dem von Platen (1796–1835) geplanten Drama *Tristan und Isolde* voranstehen. Der Stoff von *Tristan und Isolde* ist seit dem Mittelalter überliefert. Im Zentrum steht die Liebe der Titelfiguren, die aus gesellschaftlichen Gründen unerfüllt bleiben muss und im gemeinsamen Liebestod endet. Die dritte Strophe hat Platen in der zweiten Druckfassung von 1834 entfernt. Dort trägt das Gedicht den Titel „Tristan".

Aufgabenstellung

1. Interpretieren Sie das Gedicht.
2. Setzen Sie dessen Thematik, Motive und Form in Bezug zu *Der Tod in Venedig*.

Lösung

Zu 1.

– Thematik: Todessehnsucht als Folge des Anblicks des Schönen.
– Form: vier Strophen mit jeweils fünf Versen; sehr regelmäßige Form: Jede Strophe besitzt einen Rahmen – jeweils im fünften Vers wiederholt sich wörtlich der erste; Unterstützung des Rahmens durch einen umarmenden Kreuzreim (z. B. 1. Str.: *ababa*); fünffüßiger Trochäus, durchgängig weibliche Kadenzen; Wiederholung des ersten Verses des Gedichts im vorletzten Vers der letzten Strophe. Durch die regelmäßige Anordnung wirkt das Gedicht in Er-Form harmonisch.
– Inhalt und sprachliche Gestaltung:
   1. Strophe: Wirkung des einmaligen Anblicks vollkommener Schönheit besteht in der Unfähigkeit, das alltägliche Leben im irdischen Dasein zu meistern, gleichzeitig entstehen sowohl Angst vor dem Tod als auch die Sehnsucht nach ihm („beben"); Beginn des Gedichts mit elliptischer Inversion und einer Tautologie („angeschaut mit Augen", Z. 1), dadurch Anklang an antikisierenden, feierlichen Stil.
   2. Strophe: Das Oxymoron „Schmerz der Liebe", die auf Erden nicht erfüllt werden kann, bewirkt das Verlangen nach dem Tod. Durch die Anspielung auf die Ausstattung des antiken Amor/Eros durch die Allegorie „Pfeil des Schönen" wird die Verwundung durch den Schmerz, das geliebte Schöne nicht zu erreichen, deutlich.
   3. Strophe: Variation des Liebesleids, betont durch Alliterationen, Parallelismen und Anaphern sowie das die irdische Qual illustrierende Wortspiel „Mörder, die gemach ihn morden", Z. 13).
   4. Strophe: Die Naturbilder (Quelle, Blume) und die wörtliche Wiederholung der ersten Zeile drücken klar die Todessehnsucht aus: „er möchte wie ein Quell versiechen" (Z. 16 und 20). Das Verb am Ende des Gedichts signalisiert noch einmal den Willen zum Tode. Der Liebende möchte sich aufgeben, um in anderen Sphären dem vollkommen Schönen näher als auf Erden zu sein.

Zu 2.

– Gemeinsame Thematik: Überwältigung durch das Schöne, Eintritt des Numinosen, Sehnsucht nach einem Bereich jenseits des materiellen Daseins (im Gedicht wird dies stärker akzentuiert; in der Novelle besteht zunächst im Ansatz die Sehnsucht nach der Schau des Schönen im Allgemeinen, dann erfolgt zunehmend Betonung des sinnlichen Bereichs); Verknüpfung von Schönheit, Eros, Liebe und Tod.

– Analoge Motive: Relevanz von „Blick" und „Schau"; Antithetik von voll-kommener Schönheit und irdischem Dasein; (Fehl-) Entwicklung durch die Begegnung mit dem Schönen hin zum „Thor" (Gedicht, Z. 7) bzw. hin zu Auflösung der Selbstdisziplin sowie der Würde des Individuums mit der Folge von Selbstverlust und Tod; antikisierende Elemente in beiden Texten.

– Die strenge, kunstvolle Form beider Texte (Gedicht: z. B. Aufbau der Verse; Novelle: Netz von Leitmotiven) dient einerseits als Verstärkung der Spiege-lung der Idee des Schönen, andererseits als Gegengewicht zur Thematik von Tod und Auflösung. Die Novelle bettet Thematik und Motivik in philo-sophischen Kontext ein.

VII Aktualität des Werks?

Textgrundlage

Wolfgang Koeppen: „Thomas Mann: Die Beschwörung der schweren Stunde", in: *Gesammelte Werke*, Bd. 6: *Essays und Rezensionen*, Frankfurt a. M.: Suhrkamp 1986, S. 196–203, hier. S. 197 und 201

> „Der Autor war sich des Wagnisses bewußt. Er hatte ausweichen, er hatte sich verkleiden wollen, hineinschlüpfen in die Liebe des alten Goethe zur minderjährigen Ulrike von Levetzow. In seinen Aufzeichnungen sah Thomas Mann darin ,eine böse, schöne, groteske, erschütternde Geschichte', eine Erniedrigung. Widerlich und als Werk verlockend war ihm, wie der Alte der Jungen nachlief, ein großes Leben ihr in den blühenden Schoß warf. [...]
>
> Schicksal, Zufall, die sicheren Wege des Schreibenden, Thomas Mann kam nach Venedig, erlebte den Tod, tragisch, überschwenglich, ironisch, amüsiert und heimlich lachend, Eros und Todesbote, ein schöner Knabe, vierzehnjährig, fremdländisch-polnisch, vertraut humanistisch griechisch, des Platon Idee, des Sokrates Liebling. Die Provokation der Familienglückgesellschaft des deutschen Kaiserreichs, die Provokation, deren Kühnheit erst nach den Tagebuchbekenntnissen über homoerotische Neigungen des Dichters ganz zu ermessen ist, verging unbegriffen. Der Romanheld der Schwäche, Gustav von Aschenbach, war tot. Sein Urheber lebte in guten Verhältnissen in München und Tölz.
>
> [...] ,Der Tod in Venedig' ist einfach ein schönes Buch. [...] des Dichters schönstes Werk. Keine Patina, die hatte es bei seinem Erscheinen, eine Schutzschicht aus der Kultur, ich meine, keine Alterung. Die Schutzschicht ist dünn geworden, das verjüngt."

Aufgabenstellung

1. Fassen Sie Koeppens Rezension zusammen, benennen Sie einige stilistische Besonderheiten und erschließen Sie die Bewertung der Novelle.
2. Erläutern Sie die These Koeppens, dass die „Schutzschicht aus der Kultur" dünner geworden sei und sich damit die Novelle ,verjüngt' habe, und nehmen Sie Stellung dazu.

Lösung

Zu 1.

– Zusammenfassung: Dem Autor der Novelle war bewusst, welches Risiko er mit der Darstellung der Leidenschaft Aschenbachs zu einem Vierzehnjährigen eingeht, so dass er zunächst zur Maskierung dieser Passion die Liebe des alten Goethe zu einem viel jüngeren Mädchen verwenden wollte. Doch in Venedig hatte Thomas Mann einige Erlebnisse, die ihm genügend Stoff für sein neues Werk in antikisierender Verhüllung boten. Seine Haltung umfasst – so Koeppen – eine ganze Palette unterschiedlichster Empfindungen von „tragisch" bis „amüsiert" und „heimlich lachend". Die Provokation, die in der Novelle steckt – das auf einen Knaben bezogene homoerotische Begehren –, sei zur Zeit der Ersterscheinung des Werks – auch aufgrund des Todes des Protagonisten – nicht erkannt worden, sondern erst nach der Publikation der Tagebücher des Autors. Die Novelle sei heute [1980] keineswegs veraltet, im Gegenteil, der eigentliche Kern werde nun immer klarer, und auf diese Weise verjünge sich das Werk.

- Stilistische Besonderheiten: Zunächst inhaltliche Aussparung des ‚Wagnisses', paralleler Satzbau, um die anfängliche Notwendigkeit der ‚Verhüllung' deutlich zu machen, die mit drei Verben verstärkt wird: ausweichen, verkleiden, hineinschlüpfen. Die Ambivalenz des Autors in Bezug auf die Liebe eines Älteren zu einem sehr viel Jüngeren wird durch das Zitat einer z. T. Antithesen beinhaltenden Aufzählung deutlich. Weitere Aufzählungen ironisieren durch ihre Zusammenstellung die Motive des Textes, z. B. „ein schöner Knabe", „des Sokrates Liebling", „vertraut humanistisch griechisch". Damit verpuffte die „Provokation", die der Text in der „Familienglückgesellschaft des Kaiserreichs" hätte sein müssen. Die Wortschöpfung steht im äußersten ironischen Kontrast zu Passion und Tragödie des einsamen, alternden Künstlers.

- Koeppens Bewertung: eindeutig positiv durch Superlativ: „des Dichters schönstes Werk" und durch Hinweis auf Überzeitlichkeit und Aktualität.

Zu 2.
- Erläuterung: Koeppen geht davon aus, dass zur Zeit der Ersterscheinung die Antikisierung bewirkte, dass die Zeitgenossen die provokante Thematik der Homoerotik nicht verstanden, sondern die antike „Verhüllung" als die eigentliche Intention des Werks betrachtet haben. Diese Rezeptionsweise sieht in der Novelle nur die „Patina", eine durch Alterung geprägte Oberfläche. Doch je mehr der Maskierungscharakter der Antikisierung deutlich wird, umso aktueller wird das Werk.

- Möglichkeiten der Stellungnahme: 1. Zustimmend, z. B. die vielen künstlerischen Bearbeitungen der Novelle, die gegenwärtig eher noch zunehmen, zeugen von der anhaltenden Aktualität der Thematik. 2. Verneinend, z. B. gerade aufgrund der antiken Verhüllung ist das Werk heutzutage ohne einen großen Bildungshorizont nicht mehr lesbar; Sprache und Stil des Werks nicht mehr aktuell; Darstellung von Homoerotik nicht mehr provokativ, provokativ sind die pädophilen Anspielungen.

VIII Kritik am Meister

Textgrundlage

Peter Rühmkorf: „Gestelzte Manierlichkeiten", in: Marcel Reich-Ranicki (Hrsg.): *Was halten Sie von Thomas Mann? Achtzehn Autoren antworten*, Frankfurt a. M.: Fischer 1994, S. 69; zuerst anlässlich des 100. Geburtstags Thomas Manns 1975 in der *Frankfurter Allgemeinen Zeitung* publiziert.

> „Das Werk von Thomas Mann interessiert mich zwanzig Jahre nach seinem Ableben so wenig wie noch zur Zeit seines Erdenwallens.
>
> Alle Versuche, dem Meister über eines seiner Bücher nahezukommen, scheiterten an einer Sprachbarriere, die ich – rückblickend – fast für eine Klassenschranke halten möchte. Was hier Laut gibt, ist eine nur an ihren Rändern gebrochene Großbürgerlichkeit, deren Sorgen nie die meinen waren, deren Perspektiven oder Retrospektiven mir schnurz sind, deren Ausdrucksweise mir beinahe physisch zuwider ist.
>
> Leider hat mir im Verlauf des letzten Vierteljahrhunderts immer die nötige Zeit gefehlt, den Rang eines Autors anzufechten, dessen gestelzte Manierlichkeiten ziemlich allgemein für Stil gehalten werden; ich hätte anders zu viele Bücher wälzen müssen, bei denen mir jeweils bereits nach den ersten dreißig Seiten schlecht wurde."

Zum Autor: Peter Rühmkorf (1929–2008), bedeutender Lyriker und Essayist

Aufgabenstellung

1. Legen Sie Rühmkorfs Haltung zu Thomas Manns Werk sowie die sprachliche Gestaltung dieser Kritik dar.
2. Stellen Sie dar, welche Elemente der Novelle *Der Tod in Venedig* Rühmkorf zur Stützung seiner Bewertung heranziehen könnte.
3. Nehmen Sie begründet Stellung zu der Wertung.

Lösung

Zu 1.

– Klare Missachtung des Werks von Thomas Mann; Aspekte der Kritik: Sprache und Stil seien ihm, Rühmkorf, unverständlich, darüber hinaus sei die Sprache gekünstelt und gespreizt, die Themen seien auf die des Großbürgertums beschränkt, einschließlich dessen Vergangenheitsbearbeitung („Retrospektiven") und Zukunftsaussichten, und damit für ihn nicht relevant.

– Rühmkorf kleidet seine Ablehnung in harte Worte, z.B. aus dem Krankheitsbereich: „physisch zuwider". Aus der Umgangssprache übernimmt er das seine Gleichgültigkeit unterstreichende „schnurz". Diese betont lässige Formulierung betont die Distanz Rühmkorfs zu Thomas Mann. An anderer Stelle versucht er, den für ihn zu pathetischen Stil zu imitieren (z. B. „seines Erdenwallens") – vermutlich in ironischer Absicht. Weiter wirft er Mann „gestelzte Manierlichkeiten" vor. Sowohl auf stilistischer als auch auf inhaltlicher Ebene kann dieser ihn nicht überzeugen. Die Nichtigkeiten und Artigkeiten, die die Inhalte seiner Werke ausmachten, sind für Rühmkorf auch politisch nicht relevant, da sie sich nur auf das Großbürgertum bezögen. So sieht er auch die Schwierigkeit, über den Stil Zugang zum Werk Thomas Manns zu erhalten, fast als „Klassenschranke" und „Sprachbarriere". Die Metaphern „Schranke" und „Barriere" verdeutlichen, dass es für Rühmkorf keine Möglichkeit gibt, sich dem Werk Thomas Manns zu öffnen. Der Autor Thomas Mann wird in diesem Zusammenhang ironisch als „Meister" benannt. Voller Verachtung dessen Werk gegenüber notiert Rühmkorf sarkastisch im letzten Satz, dass er „im Verlauf des letzten Vierteljahrhunderts" keine Zeit gefunden habe, die große Anerkennung, die das Werk Thomas Manns im Allgemeinen erfahre, anzufechten.

Zu 2.
Mögliche Elemente, die Rühmkorfs Wertung stützen könnten:
– Beispiele auf der Ebene der „Sprachbarriere": Verwendung zahlreicher Anspielungen auf die antike Mythologie und Philosophie einschließlich antikisierender Wendungen, z. B. die Beschreibung der Hitze zu Beginn des vierten Kapitels (vgl. 77) sowie Zitate (vgl. etwa 56); Verwendung von Hochsprache bzw. Sprache der oberen Bildungsschicht (z. B. „hieratische Schildereien", 10); äußerst komplexer Satzbau, der einen geschulten Leser verlangt (z. B. zweites Kapitel, 1. Satz); Verwendung veralteter Formen wie „ward" (z. B. 13) oder von Neologismen, die an alte Formen anklingen wie „Entbürdung" (16), „Teegerät" (55); Bildung als Voraussetzung von Erkenntnis der Ironie in der Novelle.
– Beispiele auf inhaltlicher Ebene: keine sozialpolitischen Aspekte, sondern im Zentrum steht die Problematik eines alternden, großbürgerlichen Künstlers, auf den hin alle anderen Geschehnisse fokussiert sind. So wird z. B. die Cholera nicht als ein soziales Problem, sondern als Symbol für Untergang relevant. Thomas Mann will sein Werk als „Künstlertragödie" verstanden wissen, eines Künstlers jedoch, der aufgrund bürgerlicher Normen unter der Unterdrückung seiner Triebe leidet.

Zu 3.

Um Rühmkorfs Position zuzustimmen, sollten weitere Beispiele wie zu der Lösung der 2. Aufgabe gefunden werden und darüber hinaus eigene Lesewiderstände erläutert werden, z.B.

- Problematik von Triebunterdrückung und Sublimierung sowie der Tabuisierung homoerotischen Begehrens in jetziger liberaler Gesellschaft nicht mehr drängend;
- Thematik der Novelle spricht keine junge Leserschaft an, enthält kein Identifikationsangebot.

Als mögliche Gegenargumente zu Rühmkorf sind denkbar:

- Grundsätzlich erwünschte Notwendigkeit von Bildung, um die Traditionen des eigenen Kulturbereichs zu kennen und damit auch die Gegenwart zu verstehen;
- Realisierung von möglichst vielen politischen und pädagogischen Maßnahmen, um Sprachbarrieren gering zu halten.
- Die Novelle stellt aufgrund ihres Grades an literarischer und philosophischer Komplexität eine Herausforderung zu genauen Auseinandersetzungen mit dem Text dar.
- Die Kenntnis der vielfältigen Bearbeitungen des Stoffes in den unterschiedlichsten künstlerischen Bereichen und die Erfahrung der Herausbildung von Motiven bedeutet eine Teilhabe am kulturellen Prozess.

Stichwortverzeichnis